PEDEGOGY OF INTERNATIONAL GEOGRAPHY EXCURSIONS
FIELD COURSES IN SWITZERLAND AND UPPER RIHNE VALLEY

地理学国际实习教程
瑞士-上莱茵河谷地理综合实习

薛德升　刘　晨　（瑞士）瑞塔·施耐德-斯利华（Rita Schneider-Sliwa）◎编

中山大学出版社
·广州·

版权所有　翻印必究

图书在版编目（CIP）数据

瑞士－上莱茵河谷地理综合实习/薛德升，刘晨，（瑞士）瑞塔·施耐德－斯利华（Rita Schneider-Sliwa）编．—广州：中山大学出版社，2021.11
地理学国际实习教程
ISBN 978-7-306-07305-1

Ⅰ.①瑞… Ⅱ.①薛… ②刘… ③瑞… Ⅲ.①人文地理—瑞士—教育实习—高等学校—教学参考资料 Ⅳ.① K952.2

中国版本图书馆 CIP 数据核字（2021）第 175853 号
审图号：GS（2021）7669 号

RUISHI-SHANG LAIYIN HEGU DILI ZONGHE SHIXI

出 版 人：	王天琪
策划编辑：	王旭红
责任编辑：	李海东　王旭红
封面设计：	林绵华
版式设计：	林绵华
责任校对：	李昭莹
责任技编：	靳晓虹
出版发行：	中山大学出版社
电　　话：	编辑部　020-84110283，84113349，84111997，84110779，84110776
	发行部　020-84111998，84111981，84111160
地　　址：	广州市新港西路 135 号
邮　　编：	510275　　　　传　真：020-84036565
网　　址：	http://www.zsup.com.cn　　E-mail：zdcbs@mail.sysu.edu.cn
印 刷 者：	广州一龙印刷有限公司
规　　格：	787mm × 1092mm　1/16　8.5 印张　126 千字
版次印次：	2021 年 11 月第 1 版　2021 年 11 月第 1 次印刷
定　　价：	52.00 元

如发现本书因印装质量影响阅读，请与出版社发行部联系调换

总　　序

"读万卷书，行万里路"是我国古代学者所崇尚的治学方法。自德国学者洪堡和李特尔开创世界近代地理学以来，野外实习一直是地理学人才培养和科学研究的基本方法。中山大学地理学系正式创办于1929年，是我国最早在高校理科建立的地理学系之一，德国学者威廉·克雷德纳（Wilhelm Credner）和沃尔夫冈·潘泽（Wolfgang Panzer）分别担任第一、第二任系主任。受当时德国地理学的影响，野外实习、实验分析、综合研究和国际交流成为中山大学地理学的四个特色。从1930年云南实习开始，与理论知识紧密结合的野外实习成为中山大学地理学人才培养和科学研究中不可或缺的重要内容。20世纪60年代以来，随着新国际劳动分工的拓展，地理学对世界上许多空间要素、过程的认知和解释需要从全球到地方开展多尺度分析。改革开放以来，我国参与国际分工的程度逐步加深，许多国内地理现象受到全球的影响；2000年以后，我国对全球经济、政治、社会、文化的影响力日益提升，发生在世界上其他地方的空间现象也越来越多地受到了中国的作用。全球化时代的变化迫切要求我们培养具有全球视野的地理学人才，国际实习则是其中一种重要的方法。

中山大学地理学德国地理综合实习的准备工作起始于2002年。当年春天，德国科隆大学地理系苏迪德（Dietrich Soyez）教授访问中山大学地球与环境科学学院（今地理科学与规划学院），希望带领科隆大学的学生来珠江三角洲开展野外实习，见证"进行中的工业化"（living industrialization）和快速的城市化。2004年5—7月，我代表中山大学地理科学与规划学院赴科隆大学地理系讲授野外实习理论课"珠江三角洲的工业化与城市化"，其间重点考察了德国莱茵-鲁尔地区和部分城市与乡村，形成了世界工业化早期发展、全球化对城市的影响、乡村发展与规划、资源开发与生态环境恢复和保护等中国学生赴德国学术实习的主题。同时，我与德方商定双方举办地理学联合国际实习的计划，即双年份科隆大学师生赴中国实习，单年份中山大学师生赴德国实习，双方委派教师与学生提供讲解、翻译和后勤等方面的帮助。2004年暑期，苏迪德教授带领科隆大学地理系师生开展了首次中国珠江三角洲地理综合实习。2006年，弗劳克·克拉斯（Frauke Kraas）教授带领科隆大学的学生完成了第二次珠江三角洲地理综合实习。2005年暑假，我与周素红、袁媛两位青年教师带领中山大学与深圳大学两校的学生开展了首次德国地理综合实习；2007年刘云刚副教授，2009年林琳教授、李玲副教授、沈静副教授，2017年刘晔教授、沈静副教授、罗明副教授、孟祥韵老师，2018年刘晔教授，等等，分别带领中山大学的学生开展了德国地理综合实习。中方师生前三次赴德国的地理综合实习得到了德意志学术交流中心（Deutscher Akodemischer Austausch Dienst，DAAD）和科隆大学的资助。

2005年德国实习期间，科隆大学副校长
当娜–利博（Dauner–Lieb）教授会见中、德师生一行

中山大学地理学瑞士实习的准备工作起始于2008年。当年夏天，瑞士巴塞尔大学地理系瑞塔·施耐德–斯利华（Rita Schneider-Sliwa）教授访问中山大学地理科学与规划学院，商讨巴塞尔大学师生在珠江三角洲开展地理综

合实习事宜。2008年10—11月，我赴巴塞尔大学地理系讲授野外实习理论课"珠江三角洲的区域发展与区域规划"。其间，双方商定举办由巴塞尔大学和中山大学师生共同参加的地理学联合国际野外实习。2009—2018年，双方连续举办了6次珠江三角洲野外实习。其间，我利用每年11—12月赴瑞士讲授实习理论课的机会，实地考察了瑞士、法国和德国的部分城市和区域，初步形成了"政治中心型世界城市—生态城市—旅游城市—莱茵河流域区域发展等"中国学生赴瑞士学术实习的主题。2017年12月，我在访问巴塞尔大学期间，与瑞塔·施耐德-斯利华教授讨论确定了中国学生赴瑞士实习的详细计划。2018年10月，刘晨副教授和陈素玲老师带领中山大学的学生赴瑞士—法国东南部—德国西南部开展了地理综合实习。

中山大学地理学荷兰-比利时实习的准备工作分别起始于2013年、2016年。2013年10月，我访问比利时根特大学地理系，与本·德鲁德（Ben Derudder）教授初步商讨中国学生赴比利时地理综合实习事宜。访问期间，我考察了比利时城市布鲁塞尔（欧盟三大首都城市之一）和根特，初步形成了"政治型世界城市—历史时期世界城市等"中国学生赴比利时学术实习的主题。2016年11月，我访问荷兰乌得勒支大学地理系，与杨·范·维斯普（Jan van Weesep）教授商讨中国学生赴荷兰地理综合实习事宜。随后我考察了乌得勒支、阿姆斯特丹、鹿特丹、海牙、代尔夫特等荷兰城市，形成了"多中心城市区域—宗教城市—低地区域水文地理与农业发展等"中国学生赴荷兰学术实习的主题。2017年谷晓丰书记、黄旭副研究员、王振刚副教授、孟祥韵老师，以及2018年黄旭副研究员、孔碧云老师，分别带领中山大学的学生开展了荷兰-比利时地理综合实习。

中山大学地理学国际地理综合实习由室内理论课程、地理综合实习和实习总结三个紧密联系的部分组成。第一，理论课程部分，包括三个步骤：①如前所述，由中方教授与实习国家教授商定实习主题；②按照实习主题，外方教授准备理论课程内容提纲和地理综合实习详细线路，与中方教授讨论每个实习主题的理论内容和与之相对应的实习站点，之后进一步准备课程PPT与相关课程材料；③外方教授在中山大学为参加地理综合实习的师生讲授1~2周的课程,讲解相关理论知识和区域背景,介绍实习计划与组织,布置地理综合实习作业,等等。第二,地理综合实习部分,包括:①中外双方教授全程带领学生经历完整实习线路;②中外双方教授以及邀请的当地专家在每个实习站点讲解,并与学生围绕实习主题的理论知识和实地现象展开讨论;③结合实习线路和站点,检查学生作业完成情况等。第三,实习总结部分,包括:①地理综合实习期间的每日总结,考察学生对当天实习内容的掌握情况;②实习完成一段时间后,学生提交实习报告,实习团队进行总结,考察学生对实习内容的整体掌握情况;③在学院举办展览,介绍、汇报和展示实习成果。

中山大学地理学的国际地理综合实习主要收到了四个方面的成效。第一,培养了学生的全球视野和综合能力。国际地理综合实习的内容在时间上跨越了自工业化初期以来三个世纪(甚至更加久远)的历史,在空间上跨越了全球—跨国区域—国家—国内区域—城市(乡村)—地方的多个尺度,为更加全面清晰地认识、分析和理解地理学理论和现实提供了帮助,并且培养了学生从多要素综合分析地理现象的能力。第二,提升了学生的家国情怀。从2017年开始,在德国地理综合实习线路中专门安排了参观、考察马克思故居特里尔(Trier)和恩格斯故乡伍珀塔尔(Wuppertal)。要求学生思考马克思和恩格斯早期成长的地理环境和政治、经济、社会、文化背景,从而更加深刻地理解经典马克思主义理论;引导学生开展跨时空的对比分析,从而更加客观全面地理解国际共产主义运动史、中国近代发展史,以及中国共产党领导中国人民"从站起来、富起来到强起来"的艰苦奋斗历史,提升学生的家国情怀。第三,加强了国际学术交流。通过国际实习,中山大学与德国的科隆大学、柏林洪堡大学、柏林自由大学,瑞士的巴塞尔大学、洛桑大学,法国的巴黎第一大学,荷兰的乌得勒支大学、阿姆斯特丹大学,以及比利时的根特大学等高水平的地理高校建立和开展了学术交流,迈出了国际开放性人才培养的坚实步伐。第四,促进了师生的学术成长。参加地理学国际实习的师生通过克服因语言、文化、(陌生的)环境等差异带来的各个方面的困难使综合能力得到提升:一方面,教师提升了组织和带领地理学国际实习的综合能力，几位当年带队的青年教师今天已经成长为本单位甚至国内某一分支学科的中坚力量；另一方面，学生加深了对地理学科和专业的认同感，部分参加2005年、2007年和2009年德国地理综合实习的学生今天已经成长为优秀的高校青年教师，并已经开始带领学生开展国际地理综合实习。

在德国、瑞士、法国、荷兰、比利时地理综合实习期间，德国科隆大学的苏迪德教授、克里斯蒂安·舒尔茨（Christian Schultz）博士、弗劳克·克拉斯教授，瑞士巴塞尔大学的瑞塔·施耐德-斯利华教授，荷兰乌得勒支大学的杨·范·维斯普教授、伍兹·奥兹玛（Oedzge Atzema）教授及其团队向我们提供了帮助。苏迪德教授、瑞塔·施耐德-斯利华教授、杨·范·维斯普教授和伍兹·奥兹玛教授在中山大学讲授了理论课程，并带领实地考察。中山大学的薛德升、谷晓丰、林琳、刘云刚、周素红、袁媛、沈静、刘晔、王振刚、罗明、刘晨、黄旭、孔碧云、孟祥韵等带队老师参加了国际地理综合实习。本次出版的地理学国际实习教程在最大程度上涵盖了上述野外实习三个部分的主要内容，是组织和参加国际地理综合实习师生共同努力的成果。谨向所有为实习、实习教程做出贡献的老师和同学表示衷心感谢！因整理资料和成书的时间仓促，且水平有限，内容难免挂一漏万，存在错漏之处，敬请各位同行、专家、老师、同学和读者指正。

2000年以来，除在德国、瑞士、法国、荷兰和比利时以外，中山大学地理科学与规划学院还在加拿大、日本开展了地理学国际综合实习，这是艰辛的探索与努力的尝试。我们与美国、澳大利亚、墨西哥和南非部分国家的高校也建立了初步的联系。2021年6月，中山大学海洋科考船将正式交付使用，希望未来的地理学国际综合实习能够覆盖全世界七大洲，对培养和不断提升学生的全球视野有所贡献，更希望能够对全球化时代我国高校地理学人才的培养有所助益。

薛德升

2021年2月于中山大学康乐园

用脚步丈量世界之广大,
用心灵感受世界之美好,
用地理解读世界之妙趣,
用规划改变世界之未来。

——薛德升

前　　言

　　本实习教程的主要内容基于2018年10月中山大学地理科学与规划学院的瑞士-上莱茵河谷国际实习内容整理。本次实习由中山大学地理科学与规划学院刘晨副教授、辅导员陈素玲老师，瑞士巴塞尔大学环境科学学院瑞塔·施耐德-斯利华（Rita Schneider-Sliwa）教授，弗赖堡大学地理系恩斯特-于伦·施罗德（Ernst-Jügren Schröder）教授共同带队，瑞士巴塞尔大学环境科学学院博士研究生维蕾娜·毛雷尔（Verena Maurer）、纳丁·塞勒（Nadine Sailer）协助组织。参与本次实习的学生为中山大学地理科学与规划学院2015级和2016级的本科生（苏鹤放、王子予、史舒悦、李阳春、农明月、陈永鑫、陈振宏、徐婧雅、李心媛、吴月婵、吴青清、曾滢颖、谢金燕、方政）。其中，参与本次实习的2015级本科生曾滢颖、2016级本科生吴月婵和谢金燕协助参与了本实习教程的资料收集、整理与编撰。

中山大学地理科学与规划学院2018年瑞士-上莱茵河谷地理综合实习（编者自摄）

Preface

14 years ago, in 2007, geographers from Sun Yat-sen University and Basel University embarked on a path of cross-cultural learning: Swiss students came to experience the Pearl River Delta's industrialization and urban planning processes on field trips and seminar sessions and were joined by Sun Yat-sen University graduate students and PhD candidates. Later, Chinese graduate students and PhD candidates came to Europe, visited the University of Basel or got first-hand experience of trinational Swiss, German, French urban and regional planning and other human geography themes from the fields of cultural heritage planning, economic geography and regional development, innovation and life science clusters, natural heritage and tourism development, the remaking of old industrial sites and the shaping of a science economy and precision industry.

Cross-cultural learning between the East and the West can be very much characterized from my perspective and experience of field trips in the PRD of China by the famous quote: "The real voyage of discovery doesn't consist in seeking new landscapes, but in having new eyes." When both universities decided to have such cross-cultural field trips, it certainly encouraged and endorsed a broad spectrum of learning experiences:

- developing awareness between people where a common cultural framework does not exist
  - promoting direct lines of communication and better relationships
  - developing first hand cultural and regional knowledge and the ability to

see and assess things in their own context, chipping away barriers and allowing more cross-cultural dialogue

- assessing which information is necessary to understand in a context that is not one's own, what pre-existing information one may have to revise, and what one needs to study further
- gaining cultural awareness, intercultural or cultural competency training and obtaining some intercultural skills, even organizational skills
- creating "global citizens" with international experience and cross-cultural competences demanded in the emerging global markets – persons that can communicate with global partners in productive, respectful relationships despite differences in culture, values and political systems

By contrast to purely academic *in situ* study, cross-cultural field trips provide first-hand experience, inspiration and reflections, about the "other" and the "own". This experience may well be a once in a lifetime opportunity for many. For geographers and planners, this enhances the understanding that the geography of the other country (region, context) is more than the addition of facts on a physical location, a wonderful strange land or an unknown country. Rather, it is about accessing the very essence of the "genius loci" – the "soul" of a place: the habitus, values, identity and belonging, the dynamism, spirituality and priorities of people.

Cross-cultural learning is about creating a sensitivity to the unique qualities of the "other" and through this, it contributes to the awareness and confidence of the qualities of one's own culture. Field trips allow, for a very limited time, to behold the universe through the eyes of another, to get a glimpse of understanding of the universe of others and to get a keen view and appreciation for cultural differences, but also to respect and assure one's own identity. In a globalized, interconnected world where business partners come from many different cultural backgrounds, global business needs persons who can build strong relationships with cross-cultural business partners, cross-cultural learning enables friendships in different systems. Field trips which provide intercultural learning then, are very important for those who will be entrusted with positions of responsibility in the future, which are in the public or the private sectors.

Prof. Dr. Rita Schneider-Sliwa

University of Basel, Switzerland

目 录 CONTENTS

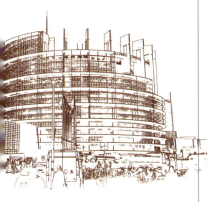

第一章 实习内容概述 / 1

第一节 实习教程概要 / 2

第二节 实习路线和日程安排 / 3

第三节 实习教程各部分内容简介 / 6

第二章 实习区域的地理、历史和社会文化背景 / 7

第一节 欧洲、欧盟与欧洲内部区域 / 8

 一、欧洲的内涵 / 8

 二、欧洲一体化与欧盟的形成 / 10

 三、欧盟的发展现状 / 14

 四、欧洲内部区域发展概况和政策 / 18

第二节 上莱茵河谷与巴塞尔三国城市群 / 23

 一、上莱茵河谷的跨国区域化进程 / 24

 二、上莱茵河谷区域发展的机遇与挑战 / 29

第三节　瑞士概况 / 30

　　一、人口与社会 / 31
　　二、经济与产业发展 / 33
　　三、城市与区域发展 / 36

第四节　实习地点概况 / 37

　　一、巴塞尔 / 37
　　二、斯特拉斯堡 / 38
　　三、弗赖堡 / 38
　　四、米卢斯 / 39
　　五、科尔马尔 / 40
　　六、沙夫豪森 / 40
　　七、圣加仑 / 41
　　八、苏黎世 / 41
　　九、因特拉肯 / 42
　　十、伯尔尼 / 42
　　十一、日内瓦 / 42
　　十二、拉绍德封 / 43

第三章　实习主题与主要内容 / 45

第一节　产业集聚、企业互联与经济地理学 / 46

一、生命科学产业集群对城市空间的影响：巴塞尔案例 / 47

二、衍生企业及其塑造的区域和全球创新网络：Abacus案例 / 51

三、高端制造业所带来的全球—本土联系：万国手表案例 / 53

四、小　结 / 55

第二节　工业化、后工业化与城市景观 / 55

一、后工业化时期的城市衰退：米卢斯案例 / 57

二、后工业化时期的城市改造与更新：苏黎世西区案例 / 62

三、小　结 / 64

第三节　社会空间分异与城市格局 / 65

一、伯尔尼的居民区分化 / 66

二、上巴塞尔地区和下巴塞尔地区之间的阶级划分 / 68

三、弗赖堡的城市更新和"城中部落" / 70

四、小　结 / 72

第四节 自然资源、环境与城市发展 / 72

一、莱茵瀑布与沙夫豪森的发展：自然资源对城市聚落和经济发展的影响 / 75

二、弗赖堡生态社区建设：生态城市与可持续的生活方式 / 77

三、小　结 / 78

第五节 自然、文化遗产与旅游地理学 / 79

一、自然遗产与旅游地开发：因特拉肯与洛特峰 / 81

二、文化遗产、文化景观与大众旅游 / 84

三、小　结 / 96

第六节 全球／区域治理与跨国生活 / 96

一、国际组织在日内瓦的聚集 / 98

二、斯特拉斯堡与欧洲议会 / 101

三、巴塞尔三国城市群的瑞—德—法边界线与当地居民的日常跨境活动 / 103

四、小　结 / 105

第四章　注意事项 / 107

参考文献 / 113

第一章

实习内容概述

第一节 实习教程概要

本实习教程旨在通过介绍在上莱茵河谷区域与瑞士其他主要地区（图1-1）的人文地理综合野外实习考察，为人文地理学教师进行"全球化""区域一体化"和"全球—本土联系"主题的野外情境教学提供典型案例、主要知识点的介绍以及具体的实习方案。同时，本实习教程也可为学生学习主要人文地理学知识提供具体的案例指引。

上莱茵河谷地区作为欧洲工业化和城市化发展较早的地区，以及具有悠久跨国合作历史的区域，是进行城市地理、经济地理和全球化等基本人文地理知识情境教学的典型案例地。瑞士拥有独特的历史、地理位置、自然景观、政治立场和经济发展方式，通过对该国的考察能够进一步直观地展示国土面积狭小的国家如何通过本土资本和区域合作驱动经济的全球化发展。

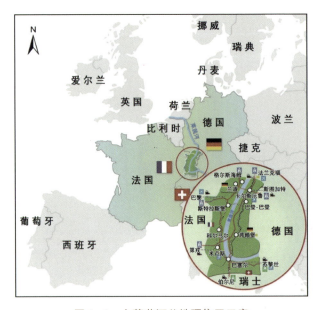

图 1-1　上莱茵河谷地理位置示意

（资料来源：https://www.upperrhinevalley.com/en，访问日期：2020年6月18日，编者翻译）

第二节 实习路线和日程安排

瑞士-上莱茵河谷区域实习日程共计13天,主要参观考察该区域内3个国家共12个城市(路线如图1-2所示,日程安排见表1-1)。

- 法国阿尔萨斯地区(Alsace):斯特拉斯堡、米卢斯、科尔马尔。
- 德国南帕拉蒂茨地区(southern Palatinate):弗赖堡。
- 瑞士:巴塞尔、沙夫豪森、圣加仑、苏黎世、因特拉肯、伯尔尼、日内瓦、拉绍德封。

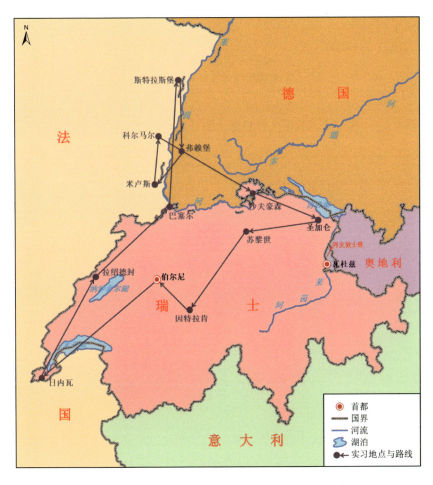

图1-2 瑞士-上莱茵河谷地理综合实习路线示意

表1-1 瑞士-上莱茵河谷地理综合实习日程安排①

时间	地点	主要活动	主要知识点
第一天	巴塞尔	城市概览	全球城市、社会空间分异
第二天	斯特拉斯堡	参观斯特拉斯堡火车站、旧城区（UNESCO世界遗产）	文化遗产与文化地理学
		参观欧洲议会大楼（须提前预约，预约网址：https://www.europarl.europa.eu/visiting/en/visitor-offer）	区域组织与区域治理
第三天	弗赖堡	城市概览	社会空间分异、人口流动（跨国通勤）
		参观沃邦生态社区和丽瑟菲尔德社区（生态社区）	生态城市
第四天	米卢斯	参观旧城区和新区，纺织、化工和机械工程厂房聚集区，工人社区	工业化、工业衰败和城市更新
第五天	科尔马尔	参观历史文化遗产街区	文化遗产与文化、旅游地理学
第六天	沙夫豪森	参观万国手表厂（IWC，可提前预约中文导览，预约网址：https://www.iwc.com/en/company/museum.html）	高端制造业及其全球影响
		参观莱茵瀑布（UNESCO世界遗产）	自然资源对城市聚落和经济发展的影响
第七天	圣加仑	参观Abacus公司（IT企业）	衍生企业
		参观圣加仑修道院、图书馆和天主教堂（UNESCO世界遗产）	文化遗产与文化、旅游地理学

① 根据中山大学地理科学与规划学院2018年10月开展的瑞士-上莱茵河谷地理综合实习方案整理。

续表1-1

时间	地点	主要活动	主要知识点
第八天	苏黎世	城市概览、参观苏黎世西区	工业化、后工业化与城市景观
第九天	因特拉肯	洛特峰（阿尔卑斯山的一座山峰）、因特拉肯旅游购物街区	自然资源、自然遗产与旅游地理学
第十天	伯尔尼	伯尔尼旧城区（UNESCO世界遗产）	文化遗产与文化景观、社会空间分异
第十一天	日内瓦	参观日内瓦国际组织区	国际组织与全球治理、全球—本土联系
第十二天	拉绍德封	城市概览（UNESCO世界遗产）	文化遗产与旅游地理
		参观勒·柯布西耶的第一个建筑群（须提前预约，预约网址：https://www.j3l.ch/en/P34072/le-corbusier）	勒·柯布西耶及其城市设计理念
第十三天	巴塞尔	参观生命科学产业集群	产业集群
		巴塞尔三角洲瑞—德—法边境考察	边界、全球—本土联系

本书的内容主要包括以下人文地理知识：城市地理与城市和区域规划、经济地理与产业发展（结合瑞士的主要产业进行探讨）、自然和文化遗产与文化/旅游地理学、城市社会地理学、生态城市实践、区域合作、区域与全球治理、边界与跨国流动。本实习教程将介绍具体的实习路线和参观点，使学生通过实际案例学习全球化背景下的政治动力、经济动力、生态保护动力和文化动力对地区发展的综合影响。

第三节 实习教程各部分内容简介

本实习教程分为以下三个部分。第一章为实习内容概述。第二章介绍实习区域的地理、历史和社会文化背景。该章分为四节：第一节是欧洲和欧盟概况，着重介绍欧洲内部的复杂跨国区域合作现状；第二节介绍上莱茵河谷与巴塞尔三国城市群，探讨该区域的跨国合作渊源以及当代发展特征；第三节介绍瑞士的基本情况；第四节简单介绍实习经过的每一个参观考察地的城市背景。第三章通过六个主题（产业集聚、企业互联与经济地理学，工业化、后工业化与城市景观，社会空间分异与城市格局，自然资源、环境与城市发展，自然、文化遗产与旅游地理学，全球/区域治理与跨国生活）介绍实习主题与主要内容等相关知识点。第四章为参与实习的注意事项。

第二章

实习区域的地理、历史和社会文化背景

第一节 欧洲、欧盟与欧洲内部区域

一、欧洲的内涵

"欧洲"（Europe）一词有着多重概念。一方面，这是一个地理概念。它包括亚欧大陆的西部和离大陆不远的岛屿（科西嘉岛、撒丁岛、西西里岛、马耳他岛、克里特岛、冰岛、不列颠群岛）。欧洲东以乌拉尔山脉、乌拉尔河，东南以里海、高加索山脉、黑海与亚洲为界，西部和西北部隔大西洋、格陵兰海、丹麦海峡与北美洲相望，北接北冰洋，南隔地中海与非洲相望。欧洲是世界第六大洲，面积为1018万平方千米。截至2017年，欧洲人口总数约为7.42亿人①，仅次于亚洲和非洲。欧洲共有50个主权国家（表2-1）和225种语言。另一方面，"欧洲"一词含有丰富的人文意义。它是希腊神话中的"欧罗巴"（希腊语：Ευρώπης），是欧洲大众眼中的欧洲人及其后代的共同体，是工业化的代表，是基督徒的大洲，是现代科学和启蒙思想的发源地，是发源于该地的各大民族国家共同体和外来少数民族共有的欧洲（Seton-Watson, 1985）。

如今，"欧洲"不但是一个地理概念和人文理念，更是一种治理方式和发展模式。"欧洲"这一概念一直在动态地发展，其自然和人文边界也在不停地发生着变化。虽然欧洲大陆的文化、宗教和经济发展有着深远的历史联系，并继承着共同的文化遗产，但在20世纪前，欧洲内部几乎没有对欧洲走向一体化的倡导。在罗马帝国短暂的"和平时期"之后，欧洲便在公元5世纪进入了长达千年的中世纪时期，其内部先后经历东西罗马帝国、西欧"继承国"、东欧的拜占庭帝国，以及横跨欧亚非三大洲的奥斯曼帝国（土

---

① United Nations, World Population Prospects 2017, https://population.un.org/wpp/DataQuery/，访问日期：2019年5月28日。

耳其共和国的前身)。直到中世纪行将结束的15世纪,只有英国、法国、西班牙的边界与今天的版图相差无几,其他部分(如神圣罗马帝国、意大利城邦、匈牙利和奥斯曼帝国)或分裂成更小的国家,或合并成更大的国家(本内特、霍利斯特,2007)。15世纪至18世纪,欧洲经历了文艺复兴、宗教改革、启蒙运动和初期的工业革命,资本主义经济得到了初步的发展,各个国家也在帝国扩张和资本主义原始资本积累的基础上得到了一定的政治权力,因此不断在欧洲内部进行霸权的争夺(赫斯特,2011)。18世纪至19世纪,随着民族国家的兴起,那时的知识分子和政治家并不相信统一的欧洲文化的存在,也并不期望建立一个单一的欧洲国家或者国家联盟。20世纪后,随着欧洲一体化进程深化,新的欧洲逐渐形成。1918年第一次世界大战结束后,为了防止战争的重演,欧洲开始出现了一些赞成废除国家主权、建立统一欧洲的声音。然而,20世纪30年代末,由于第二次世界大战(以下简称"二战")的打响,任何类型的欧洲统一主义都变得遥不可及。1945年"二战"结束后,欧洲一体化的呼声重新提起。这一呼声在某种程度上让欧洲人回忆起拿破仑所推崇的欧洲统一神话和欧洲统一的文化根源,并直接将欧洲大陆联合起来,使欧洲能够与其边缘的两个大国——英国和苏联——进行权力的博弈和抗衡。

表 2-1 欧洲国家或地区列表

区域	国家或地区	数量
东欧	白俄罗斯 保加利亚 捷克 匈牙利 波兰 摩尔多瓦(有限承认) 罗马尼亚 俄罗斯联邦 斯洛伐克 乌克兰	10
北欧	奥兰群岛 海峡群岛(格恩西、泽西、萨克) 丹麦 爱沙尼亚 法罗群岛 芬兰 冰岛 爱尔兰 马恩岛 拉脱维亚 立陶宛 挪威 斯瓦尔巴群岛和扬马延岛 瑞典 英国(大不列颠及北爱尔兰联合王国)	15
南欧	阿尔巴尼亚 安道尔 波斯尼亚和黑塞哥维那 克罗地亚 直布罗陀 希腊 梵蒂冈 意大利 马耳他 黑山 北马其顿(有限承认) 葡萄牙 圣马力诺 塞尔维亚 斯洛文尼亚 西班牙	16

续表2-1

区域	国家或地区	数量
西欧	奥地利　比利时　法国　德国　列支敦士登　卢森堡　摩纳哥 荷兰　瑞士	9

资料来源：联合国统计用标准国家或地区代码，见网页（https://unstats.un.org/unsd/methodology/m49/）。

二、欧洲一体化与欧盟的形成

在"二战"后的数十年间，一个崭新的欧洲从两条主要发展道路中诞生了。[①]第一条道路是在政治、经济和文化方面全面进行合作和统一管理，即欧洲一体化（欧洲一体化发展的12个重大历史事件见表2-2）。1960年代开始形成欧洲共同体（European Communities，EC，以下简称"欧共体"），成为推动欧洲经济、政治和文化一体化的里程碑。欧共体成立于1967年，由1951年成立的欧洲煤钢共同体、1957年成立的欧洲经济共同体以及欧洲原子能共同体组成。这时，欧洲的内部区域合作还仅仅是经济、信息和科学技术层面松散的交流，对区域发展促进的力度依旧有限。从20世纪80年代开始，为寻求跨国合作的法律保护和制度化框架，欧共体内对结构化治理、统一政策和法律制定的呼声越来越高（Borras-Alomar et al., 1994）。1991年《马斯特里赫特条约》（即《欧洲联盟条约》，1992年签署）的起草正式提出了建立一个"现代化、自治和管理更加严格的西欧"这一强有力的设想，这一设想最终推动了1993年欧洲联盟（European Union，EU，以下简称"欧盟"）的正式成立。截至2020年4月，欧盟共有27个成员国。[②]

---

① http://www.open.edu/openlearn/people-politics-law/politics-policy-people/geography/what-europe/content-section-0，访问日期：2020年4月30日。

② 欧盟的27个成员国分别是奥地利、比利时、保加利亚、克罗地亚、塞浦路斯、捷克、丹麦、爱沙尼亚、芬兰、法国、德国、希腊、匈牙利、爱尔兰、意大利、拉脱维亚、立陶宛、卢森堡、马耳他、荷兰、波兰、葡萄牙、罗马尼亚、斯洛伐克、斯洛文尼亚、西班牙、瑞典。

与此同时，随着1989年"铁幕"①的消失和1991年苏联解体，标志着欧洲受两个超级大国的力量支配的时代结束，为欧洲共同的未来迎来了新的希望。21世纪，欧元在欧盟各国的推广以及欧元区的形成，在金融上进一步促进了一个一体化欧洲的形成。

表2-2 欧洲一体化发展的12个重大历史事件

年份	重大历史事件
1951	6个欧洲国家（法国、西德、意大利、比利时、荷兰和卢森堡）联合成立了欧洲煤钢共同体（European Coal and Steel Community，ECSC）
1957	上述6国签订《罗马条约》，成立欧洲经济共同体（European Economic Community，EEC）和欧洲原子能共同体（European Automic Energy Community，Euratom）
1973	欧共体区域扩大，成员国增加至9个（增加了丹麦、爱尔兰和英国），并成立了统一的委员会（European Commission）和制定统一的政策
1979	欧洲议会（European Parliament）进行了第一次直接选举
1981	第一个地中海国家（希腊）加入欧共体
1992	欧洲单一市场成为现实
1993	随着《马斯特里赫特条约》的生效，欧盟正式成立
2002	欧元开始流通
2004	欧盟拥有了25个成员国（欧洲近半数的国家和地区加入了欧盟），并参与了史上最大的跨国民主选举
2009	旨在调整欧盟在全球角色、人权保障、欧盟决策机构效率，针对全球气候变化、天然气能源使用等可持续发展策略的《里斯本条约》签署，标志着欧盟朝着提高全球竞争力和影响力的方向发展
2014	欧洲委员会的选举改革。欧洲委员会主席产生于欧洲理事会（European Council）取得最多席位的政党领袖之中

---

① 指冷战时期将欧洲分为受美国和苏联不同政治影响区域（"社会主义欧洲"和"资本主义欧洲"）的界线。

续表2-2

年份	重大历史事件
2015	欧洲经济在2008年全球金融危机中逐渐恢复,巩固了欧元区的经济地位

资料来源：https://publications.europa.eu/en/publication-detail/-/publication/009305e8-2a43-11e7-ab65-01aa75ed71a1，访问时间：2020年6月18日。

新欧洲诞生的第二条道路是对文化多元并存的承认和鼓励。当代的欧洲是一个多元与统一、和谐与冲突、转型与传统、融合与割裂共存的欧洲。19世纪及以前，欧洲身份是建立在中世纪晚期相对统一的基督教基础上的。随着基督教本身的多样化发展，欧洲身份也在不断向着多样化的方向发展。虽然根深蒂固的欧洲文化传统对20世纪的欧洲发展产生了巨大的影响，但新的欧洲不仅仅是建立在其深远的文化统一性之上的，更是在新时期对重新树立欧洲的国际地位产生新的文化统一需求。因此，新的欧洲身份必须建立在包容原则的基础上，而并非建立在内部统一性和对外的社会隔离和社会排斥之上。例如，20世纪初才结束的奥斯曼帝国对巴尔干半岛大部分地区的统治。如今，欧洲内部各国都是独立的民主国家，它们之间虽然有着文化、宗教和历史渊源的密切联系，但其文化、语言和政治制度方面也有着显著的差异。同时，欧洲内部正面临着较严重的发展不平衡问题：相对于经济相对发达的西欧和北欧，南欧和东欧相对欠发达。除此之外，由于全球化带来的跨国移民使欧洲成为亚洲和非洲移民的迁入地，这些本不属于欧洲的人，在当代社会中，同样构成了欧洲文明的一部分。正是这种差异和不平衡带来的多样性构成了欧洲文明的"统一框架"。因此，如今的欧洲身份不单由其本身的共同价值观界定，而且更加应该由其固有的内部分裂、冲突和不断发生的变化来决定。

在21世纪，欧盟进一步成为其成员国之间的一个独特的经济和政治联盟，覆盖了欧洲大陆的大部分地区，并形成了一套独特的治理方式和共同价值观。具体来说，欧盟的核心价值观如下[①]：

- 人的尊严。人的尊严神圣不可侵犯，并且必须得到尊重和保护。人的尊严是构成权利的真正基础。

- 自由。欧洲公民有权在欧盟内自由迁移和居住。个人自由，如私人生活、思想、宗教信仰、集会、言论和信息的自由都受到尊重和《欧盟基本权利宪章》的保护。

- 民主。欧盟的运作建立在代议制民主的基础之上，成为欧洲公民意味着他/她享有政治权利。每一个欧盟的成年公民都有权作为候选人参加欧洲议会的选举并进行投票；同时，欧盟的成年公民也有权作为候选人在其居住国或原籍国参与选举和投票。

- 平等。平等指所有公民在法律面前平等。男女平等原则是所有欧洲政策的基础，也是欧洲一体化的基础，适用于所有的领域。同工同酬原则于1957年成为《罗马条约》[②]的一部分。尽管不平等现象依然存在，但欧盟已经在推动社会平等方面取得了重大的进展。

- 法治。欧盟是以法治为基础的。欧盟所做的一切都是建立在欧盟国家自愿和民主同意的条约基础上的。欧盟内部独立的司法机构维护法律和正义。欧盟国家将最终管辖权交给欧洲法院，欧洲法院的判决必须得到所有人的尊重。

- 人权。人权受到《欧盟基本权利宪章》的保护。这些权利包括不受基于性别、种族或族裔出身、宗教或信仰、残疾、年龄或性取向之歧视的权利，保护个人隐私的权利，以及诉诸司法的权利。

这些价值观构成了欧盟的基础，并在《里斯本条约》和《欧盟基本权利宪章》中进行了详细规定。2012年，欧盟因推动欧洲和平、和解、民主和人权事业而获得诺贝尔和平奖。

---

① https://europa.eu/european-union/about-eu/eu-in-brief_en，访问日期：2020年4月30日。
② 1957年，法国、联邦德国、意大利、荷兰、比利时和卢森堡6国政府首脑和外长在罗马签署《欧洲经济共同体条约》和《欧洲原子能共同体条约》。这两个条约被称为《罗马条约》。——编者注

三、欧盟的发展现状

总体来说,欧盟27国①的发展处于一定的不平衡状态:西欧和北欧的大部分地区较为发达,而南欧和东欧地区相对欠发达。本节将从人口、生活水平、经济、环境和治理机构五个方面概述欧盟的发展现状。

(一)人口

截至2019年,欧盟②人口数量为4.46亿③,仅次于中国和印度。根据欧洲统计中心(Eurostat, 2019)的数据,欧盟在过去的40年人口数量增长缓慢,生育率保持在0.4%左右。这些国家的妇女平均生育年龄为31.1岁(2017年水平)。由于高度的城市化水平,欧盟有超过75%的人居住在城市,高于世界平均水平(54%,2018年水平)。同时,欧盟人口的增长主要来源于移民——迁入人口远远多于迁出人口。如今,大批难民涌入欧盟国家④,对欧盟的社会保障和安定造成了一定的影响。然而,由于欧洲医疗水平的提高,人们的普遍寿命增加(2015年的平均寿命已达到80岁),因此欧盟出现了较为严重的人口老龄化现象:2017年,欧盟60岁以上的人口比例远高于世界平均水平,45岁以下青壮年人口则远低于世界平均水平。

(二)生活水平

根据欧洲统计中心(Eurostat, 2019)的数据,贫困率、高收入份额分

---

① 由于统计数据来源为2007—2009年的平均数据,因此,欧盟当时的27个成员国不包括2013年加入欧盟的克罗地亚,但包括2020年1月正式脱离欧盟的英国。
② 英国已于2020年1月正式脱离欧盟,此前的欧盟统计数据均为包含英国在内的数据,全书同。
③ https://europa.eu/european-union/about-eu/figures/living_en,访问日期:2020年4月30日。
④ 根据联合国难民事务高级专员办事处的统计,2015—2019年间,每年有超过10万难民进入欧盟国家寻求避难。2015年,难民数量更是突破了100万。参见https://data2.unhcr.org/en/situations/mediterranean#_ga=2.233404637.2795079.1560259452-1467680724.1560259452,访问日期:2020年4月30日。

配、居民年调整收入①和消费支出水平、家庭规模、健康、就业情况和受教育情况是反映居民生活水平的主要指标。总体来说，欧盟居民的贫富差距较小，家庭规模适中，就业率和受教育水平较高，总体健康状态良好。具体来说，欧盟的生活水平指标情况如下：

- 有22.4%的人口面临贫困风险（2017年数据）。
- 收入最高的20%人口的收入比例为38.8%，在20国集团（G20）成员中最低（2014年数据）。
- 居民年调整收入水平（大约2.8万美元）和消费支出水平（大约2.25万美元）在G20成员中属于中等水平（2016年数据）。
- 60%左右的家庭规模为2~4人，30%左右的人口独居，仅有10%左右的人口居住在五口之家或人口数量更多的家庭里（2010年数据）。
- 接近10%的国内生产总值（GDP）被投资于健康和医疗设施，其病床数量和医务人员数量均位于世界前列（2015年数据）。然而，欧盟居民的健康习惯并非都处于世界最佳水平：15岁以上居民的酒精消费量为10升/年，仅次于俄罗斯，位居世界第二；烟草消费量位于世界中等水平；成年男性肥胖率位于世界中上水平，成年女性肥胖率为世界中下水平（2016年数据）。
- 在15~64岁的人口中，就业率为67.6%，在G20成员中处于中上水平（2017年数据）。
- 超过5%的GDP投入教育事业，在G20中处于中等水平（2014年数据）。在小学教育中，师生比为1∶15.1，远低于世界平均水平（1∶23.2，2015年数据）；在初中教育中，师生比为1∶12.6，低于世界平均水平（1∶17.2，2015年数据）；77.5%的居民接受过高中教育（2017年数据）；25岁以上的居民接受过完整高等教育的比率为30%左右，在G20属于中属于中上

---

① 居民年调整收入反映家庭收入水平，指除去所得税、财富税和社会保障款之后的家庭年收入。

水平（2017年数据）；有11.6%的居民是尼特族[①]。

（三）经济

根据世界银行的统计，截至2018年，欧盟是世界第二大经济体[②]。欧盟以金融和商业服务等第三产业为主，第三产业对国民生产总值的贡献率趋近50%，超过世界平均水平。其对创新和研发的投入占GDP的2.04%（2015年数据）。根据欧洲统计中心2016年的数据，欧盟的GDP为68.3万亿美元，占全球生产总值的21.8%，其份额比2006年下降了超过10%。其对外贸易占世界商品贸易的六分之一。其中，出口总额占16.3%，进口总额占15%。同时，欧洲的农业发展水平稳定，欧盟的小麦和乳制品产量依旧位居世界前列。根据国际货币基金组织（International Monetary Fund, IMF）2018年的统计，大部分欧洲国家的经济增长和经济扩张速度已经开始放慢。虽然在过去的数年里，欧洲经济增长速度较为强劲——在扶持宏观经济的政策支持下，欧洲内需增长，不断驱动经济发展。在此背景下，欧洲2018年上半年的经济活动依然稳定。然而，罗马尼亚和英国的经济发展已经出现了疲软。此外，欧元区2018年第三季度的GDP增长率从前两个季度的0.4%进一步下滑到0.2%（环比年增长率）。经济减速的主要原因是外部需求（主要是商品需求）较弱和其他特殊因素（恶劣天气和汽车生产业绩下滑）。在大多数中欧、东欧和南欧国家，由于劳动市场日益发展、欧盟资金投入增加、私人消费强势增长，经济发展和扩张的势头依然较强。北欧和波罗的海经济区（爱沙尼亚、拉脱维亚、立陶宛）、捷克和瑞士的经济表现也持续良好。

（四）环境

为了应对全球气候变化和环境污染，使用混合能源或者更加清洁的能源替代传统的化石燃料已然成为全球可持续发展的策略之一。欧洲工业化发展较早，曾经是世界污染物排放最多的地区。而如今，其环保工程已经展

[①] 尼特族（not in education, employment or training, NEET），指不升学、不就业、不参加培训的人群。

[②] 世界前三大经济体为美国、欧盟和中国，参见世界银行网站（https://datacatalog.worldbank.org/dataset/gdp-ranking），访问日期：2020年4月30日。

现出一定的成效。根据欧洲统计中心2015年的数据，欧盟已成为世界上能源使用最为平衡的地区之一，其使用新能源和可再生能源的比例（30%）远高于世界平均水平（15%）。同时，欧盟向其居民征收较高的环保税，从而影响生产者和消费者的环保行为。2014年，欧盟收取了3440亿欧元的环保税，相当于GDP的2.45%；到2016年，这一数额已经上升至3640亿欧元，占GDP的2.45%。同时，在《联合国气候变化框架公约》和《京都议定书》的体系下，欧盟积极减少温室气体的排放。在1990年至2015年间，欧盟共减少排放温室气体24%。2015年，欧盟签署《巴黎气候协定》，承诺进一步减少温室气体的排放。

（五）治理机构

欧盟统一治理机构的设置对欧洲政治一体化发展起到了举足轻重的作用。总的来说，欧盟主要的治理机构包括以下7个。

- 欧洲议会（European Parliament）：位于法国斯特拉斯堡，是两院制立法机构的下议院（议员人数按照政党人数和成员国人口比例分配）。欧洲议会是一个直选机构，与欧盟理事会和欧洲委员会一同行使立法权。

- 欧洲理事会（European Council）：位于比利时布鲁塞尔，是一个确定欧盟总体政治方向和优先事项的集体机构，由欧盟成员国的国家元首或政府首脑、欧盟理事会主席和欧盟委员会主席组成。欧盟外交事务和安全政策高级代表也会参加欧洲理事会的例行会议。

- 欧盟理事会（Council of the European Union）：位于比利时布鲁塞尔，是两院制立法机构的上议院（不按照政党或者成员国的人口多寡分配议员人数），由欧盟成员国的国家元首或政府首脑组成理事会，主要功能是订立欧盟共同方针、外交与安全政策。

- 欧洲委员会（European Commission）：位于比利时布鲁塞尔，行使行政权，其成员为28个欧盟成员国政府提名的"执行委员"，其职能类似于国家系统中的政府。

- 欧盟法院（Court of Justice of the European Union）：位于卢森堡，

是欧盟法院系统的总称,行使司法权,其职能为确保欧盟法律在欧盟各国能够有统一的解释和适用范围。

• 欧洲央行(European Central Bank):位于德国法兰克福,负责欧元区的金融及货币政策的制定,是欧元区的中央银行。

• 欧洲审计院(European Court of Auditors):位于卢森堡,负责检查欧盟预算的执行情况。

四、欧洲内部区域发展概况和政策

除了欧洲一体化进程外,欧洲在20世纪后的最主要发展便是内部区域的交流合作进一步加强,形成了独特而复杂的区域联盟和区域合作。虽然"区域化的欧洲"(Europe of Regions)[①]一词已经在欧盟成立后被抛诸脑后,但是,欧洲内部的区域(跨国区域)之间依然联系紧密,并在欧盟政策制定过程中起到举足轻重的作用。为了解欧洲内部区域发展的概况及其作用,笔者将从欧洲核心区域(经济区域)的动态发展开始,介绍欧洲内部区域的发展过程及其交流与合作现状。

(一)欧洲的动态核心区域:从"蓝香蕉"到多中心化城市系统

虽然欧洲一体化的进程强调的是欧洲的差异化、多元化以及分散的社会、经济与文化,但我们依然不难发现欧洲的主要城市经济增长区和创新产业主要集中在一条轴线上:伦敦—比卢荷区域(Benelux,比利时、卢森堡和荷兰跨国区域)—米兰(Hospers, 2003)。这条轴线即我们常说的"蓝香蕉"区域。1989年,法国地理学者罗歇·布吕内(Roger Brunet)及其所领导的RECLUS研究组绘制出了"蓝香蕉"区域地图。其中,"蓝"是欧盟盟旗的颜色(代表欧洲),"香蕉"代表这一核心经济区域的形状。对于布吕

---

① "Europe of regions"这一概念是欧盟为促进区域自治和区域文化多样性,满足功能上相互关联的边境地区之间展开合作的需要,同时尊重各国内部结构以及按照辅助性原则行事而提出的。

内来说，这一"蓝香蕉"区域从中世纪甚至罗马帝国时期起便是欧洲的核心城市区域、贸易中心和经济中心，是欧洲的主心骨。直到20世纪末，"蓝香蕉"区域都是欧洲最为积极的区域：无论在经济发展、人口增长、文化教育，还是城市基础建设等方面，该区域都代表了欧洲的核心发展区域。而该区域外的其他地方，则被认为是欧洲的负面形象。

随着20世纪90年代欧盟的成立，欧洲内部的区域合作使各个区域都得到了一定的发展，"蓝香蕉"所代表的欧洲经济地理格局逐渐被打破。除了"蓝香蕉"区域以外，至少还有两个区域被经济地理学家们认为是欧洲经济的增长极和城市化高度发展的区域：一个是米兰—巴伦西亚省（西班牙东部的自治区）的"阳光地带"（Sunbelt）。该区域的主要城市（如尼斯、马赛和巴塞罗那）依靠发展高科技产业、服务业和高质量的生活保障（主要为较为温和的气候）而得到发展。另一个是由巴黎—科隆—柏林—华沙一轴组成的"黄香蕉"区域。该区域在两德统一之后进行了新一轮的经济发展，得到了一定的经济复兴（Hospers，2003）。可见，欧洲的核心经济和城市区域正在朝着多极化的趋势发展：曾经的增长中心"蓝香蕉"依靠着传统的优势正以新的经济形势进行发展，新的增长中心则靠着与传统经济发展模式不同的专业化产业发展模式，开辟了自己独特的发展道路。

在此背景下，通过建立大、中、小城市之间的交流和合作，从而平衡单极化经济发展和分散发展之间的关系，成为促进欧洲经济进一步发展的新观点。1991年，这一观点被克劳斯·昆兹曼（Klaus Kunzmann）和迈克尔·魏格纳（Michael Wegener）抽象为"葡萄串"（bunch-of-grapes）的概念。该概念反驳了"蓝香蕉"观点对欧洲区域之间关系的竞争化描述和正反面形象对比，并指出欧洲城市系统之间的差异性统一、多中心趋势以及中心城市与其周围中小型城市的合作关系。在此基础上，欧洲委员会于1999年发布了《欧洲空间发展展望》（*European Spatial Development Perspective*, ESDP）。该文件指出，欧盟将在其领土上，经由国际公认大都市地区及其相连的腹地（不同规模的城镇、城市和农村地区）组成的网络，组成数个充满活力的全球经济一体化区域，配置高质量的全球功能和服务，旨在通过跨国空间发展战略在改善欧洲的空间平衡方面发挥关键作用。同时，通过结构性的政策和各个领域的相关政策（如交通运输和创新合作政策）之间的紧密合作，加强大都市地区、城市群和城市网络、多中心系统在人口、经济、交通、环境等方面的相互交流与合作。也就是说，该政策旨在拓展欧洲曾经的"五角城市区域"（以伦敦、巴黎、米兰、慕尼黑和汉堡为核心的区域），并进一步发挥其动态整合全球区域的作用。

如今，欧洲各国的发展已经呈现出多中心化的特征。根据欧洲空间规划观测网络（European Spatial Planning Observation Network，ESPON）2013年的数据，在欧洲，越小的城市区域发展状况越均衡，多中心性也就越高。这一多中心化的发展已被证明在资源可持续利用、能源成本控制和区域平衡发展方面起到了积极的作用（Wegener, 2013）。

（二）欧洲内部除欧盟外的跨国区域组织现状

在欧洲一体化进程、区域合作化和多中心化发展的综合影响下，欧洲内部形成了复杂而紧密联系的跨国区域组织。这些组织在政治、经济、文化和社会发展方面有着不同的侧重点，并为欧洲进一步的融合与凝聚起到了重要作用。以下为欧洲四个主要的跨国区域组织。

1. 欧元区（Eurozone）

1999年，欧洲统一货币政策提出；2002年，欧元成为欧元区（不是所有欧盟成员国都使用欧元）的唯一合法货币，进一步加深了欧洲内部的联系。如今，欧盟28个成员国中的19个国家（奥地利、比利时、芬兰、法国、德国、希腊、爱尔兰、意大利、卢森堡、荷兰、葡萄牙、斯洛文尼亚、西班牙、马耳他、塞浦路斯、斯洛伐克、爱沙尼亚、拉脱维亚、立陶宛）采用欧元为其合法货币。

2. 申根区（Schengen Area）

1985年，5个欧共体成员国（联邦德国、法国、荷兰、比利时和卢森堡）在卢森堡的城市申根签署了《关于逐步取消共同边界检查》协定（又称《申根公约》）。这份公约以取消相互之间边境检查点为目的。1995年，

《申根公约》正式生效。截至2018年，共有26个欧洲国家（其中22个为欧盟成员国）签署了《申根公约》，成为申根区的一员。申根区的出现使欧洲内部的人口流动加强，各个国家的边界模糊化，一方面促进了该区域内部的交流联系，但另一方面也加剧了欧洲内部的治安问题。

3. 欧洲行政区（Eurodistrict）

欧洲行政区是一个欧洲行政实体，它包含两个或两个以上国家之间跨越边界的城市群。欧洲行政区为城镇或市镇的合作和一体化提供了方案（如改善在国家边界地区生活和工作的人的交通联系）。同时，它还赋予了这些城市跨国家的区域特征。

4. 欧洲区域（Euroregion）

欧洲区域又名欧洲跨境区域，通常为两个国家或若干个国家边境城市的联盟区域。欧洲区域往往没有任何立法或行政机构，也不具备直接的政治权力。其工作权限仅为构成该区域的地方当局的职权范围。这些区域的作用在于促进边境地区的共同利益，并为边境人民的切身福祉而进行合作。

（三）欧盟的区域政策

欧盟的内部区域管理政策由欧洲委员会制定。同时，由于欧盟内部区域参与政治事务的程度较深，欧洲委员会于1994年成立了专门为欧洲内部国家以下各级当局提供在欧盟体制框架内直接发言权的机构——欧洲区域委员会（European Committee of the Regions，CoR）。除了建立管理机构外，欧盟还制定了一系列增强欧洲凝聚力和促进欧洲进一步一体化的政策。

为了提高欧洲的综合竞争力和生产力，以克服欧洲发展中的结构性弱点和区域发展不平衡的问题，欧盟理事会于2010年6月17日通过了"欧洲2020战略"[①]，该战略从就业、研究与开发、气候变化和能源可持续发展、教育、减少贫困和社会排斥五个方面提出了欧盟在2020年需要达到的目标。具体来说：在就业方面，将20~64岁人口的就业率提高到75%；在研究与开发

---

① http://ec.europa.eu/eurostat/web/europe-2020-indicators/europe-2020-strategy，访问日期：2020年4月30日。

方面,将公共和私人研发投资占GDP的比例提高到3%;在气候变化和能源可持续发展方面,与1990年相比,温室气体的排放量减少20%,将可再生能源在最终能源消费中的比例提高到20%,并实现能源效率提高20%;在教育方面,将中小学辍学率的比例降低到10%以下,并将完成高等教育的30~34岁人员的比例提高到40%;在减少贫困和社会排斥方面,使至少2000万人摆脱贫困和社会排斥。

同时,为了推动欧洲进一步发展、缩小欧盟各区域之间存在的差异,以促进平衡和可持续的发展模式,欧盟于2014年提出了凝聚力政策,致力于通过在欧洲欠发达地区创造就业机会、营造商业竞争力,从而促进经济增长和人民生活质量的全面改善。这一政策的实行期为2014年至2020年,主要包含以下10个方面的内容(Eurostat, 2018a, 2019):

· 加强研究、技术开发和创新。
· 加强信息和通信技术的推广、使用和质量。
· 提高中小企业的竞争力。
· 支持所有的经济部门转向低碳经济发展。
· 促进对气候变化的适应、预防和风险管理。
· 促进可持续运输,消除关键网络基础设施建设中的瓶颈。
· 促进可持续和高质量的就业,促进劳工的自由流动。
· 促进社会包容,消除贫困和任何形式的歧视。
· 增强在加强职业技能和终身学习方面的教育、培训和职业培训投资。
· 加强公共部门和利益相关方的机构能力和有效的公共行政能力。

在欧洲进一步一体化进程中,比区域尺度更小的城市发挥着越来越重要的作用。20世纪90年代末,随着欧洲城市化程度的日益加强,越来越多的城市问题需要欧盟通过提供资金和结构性的政策进行治理。在全球化的影响下,很多欧洲城市都建立起了自己的全球互联网络(如"姐妹城市"和"友好城市"的设立),并在市民生活中日益扮演着比国家更为重要的角色。因此,将城市与国家联合起来,才能为欧洲一体化治理提供更加合理的决策意见（Mamadouh，2018）。2016年5月30日，《欧盟城市议程》（又称《阿姆斯特丹公约》）赋予了城市在欧盟决策制定中的正式地位[①]：城市将与欧盟成员国、欧盟委员会总干事和其他的欧盟机构一起决定欧洲的政策，从而增加城市利用欧盟方案和基金的机会，并改善有关城市问题的专业知识和信息的流通。

第二节　上莱茵河谷与巴塞尔三国城市群[②]

莱茵河是欧洲最大的河流之一，它连接着上莱茵河河谷的四个地区：法国阿尔萨斯地区，德国南部的帕拉蒂茨地区、黑森林地区，瑞士的巴塞尔地区。上莱茵河谷区域坐落于欧洲大陆的中心，地区之间的交通高度发达，三国之间开放的边境政策使当地居民和游客都能快速和便利地往返于各国之间。[③]以上莱茵河谷为核心的巴塞尔地区与其周边的德国和法国主要城市（巴塞尔、巴登、科尔马尔、弗赖堡、米卢斯、斯特拉斯堡、卡尔斯鲁厄等）共同构成了一个联系紧密的跨国城市群——巴塞尔三国城市群[④]（the Trinational Basel Metropolitan Area/Trinational Eurodistrict of Basel，TEB）。该城市群中的"斯特拉斯堡—欧特诺"、"弗赖堡—南阿尔萨斯中心区"、"帕拉蒂茨、上莱茵中部、北阿尔萨斯地区"（PAMINA）与"南阿尔萨斯和巴塞尔"（TEB）分别于2005年、2006年和2007年被欧盟认定为欧洲行政区（Eurodistrict）。

因此，巴塞尔三国城市群不但是一个地理概念，更是一个经济和行政概念。

---

① https://ec.europa.eu/regional_policy/sources/policy/themes/urban-development/agenda/pact-of-amsterdam.pdf，访问日期：2020年4月30日。

② 本节主要参考Schneider-Sliwa（2017）。

③ https://www.upperrhinevalley.com/en，访问日期：2020年4月30日。

④ 由于巴塞尔一直在上莱茵河谷区域扮演着重要的角色，上莱茵河谷区域高度互联的跨国区域又被称为巴塞尔三国城市群。

一、上莱茵河谷的跨国区域化进程

巴塞尔三国城市群的经济与政治创新、工业发展、自由贸易、技术和经济的区域互联传统，使该区域在现代成为一个高度制度化和交流紧密的跨国区域。同时，便利的交通以及基于传统工业的衍生行业使该区域的联系不断加强。下面将按照其历史发展时期的顺序，介绍该区域逐渐形成制度化的跨国区域的进程。

（一）罗马时期和中世纪（公元前27年—公元15世纪）

巴塞尔三国城市群自古以来便是一个高度互联的区域。莱茵河发源于瑞士阿尔卑斯山地区，向北经过德国和荷兰流入北海，是欧洲第二长河（第一长河为多瑙河），其沿岸分布着西北欧主要的工业城市。上莱茵河谷区域的城市群在罗马帝国时期（公元前27—公元1453年）开始逐渐形成。自中世纪（公元5—15世纪）起，上莱茵河谷区域的城市便在经济、法律和政治上有着深入的交流与联系，并逐渐形成一个人口高度密集、城市交往频繁、农业生产联系紧密的经济贸易区。此时，该区域的经济发展由政治制度革新推动。这一时期的政治革新给予了小城镇城市权和自由贸易权（在中世纪欧洲的其他地区，一些大城市都无法享有自由贸易权）。高度的自由与自治使上莱茵河谷区域在中世纪时便开始成为欧洲的经济中心、产业（主要为手工业、农业和金融业）和贸易系统化发展与一体化区域，以及政治自治核心。

在罗马帝国时期，巴塞尔是莱茵河流域重要的贸易和军事网络的"十字路口"——由于阿尔卑斯山的天然屏障，这个临近阿尔卑斯山的城市成为欧洲北部、南部、中部和东部市场的交通枢纽、信息中转站和知识交流中心，为其进一步的经济发展和创新提供了源源不断的资源和动力。

在中世纪，巴塞尔成为一个大学城。随着巴塞尔大学的成立（1460年），巴塞尔的印刷业蓬勃发展。新思潮和新理论都被印刷成书，在该地区流传。由于开放的政策和对教育的重视，巴塞尔地区主动选择向新思潮（人文主义）靠近，并将具有专业知识的人才（尤其是信奉加尔文教和犹太教的难民）召集到一起，为自身的文化和经济发展重用这些人才，从而增强了该地区的文化创新能力。这一开放的政策也使巴塞尔地区逐渐成为一个传统的多元文化并存的区域。

此外,上莱茵河谷区域在中世纪时期已经开始形成跨国区域化的城市群。1354年,阿尔萨斯地区的自由城邦成立了"十城联盟"(Décapole,包括科尔马尔、哈格瑙、怀森堡、图尔克海姆、奥贝雷恩海姆、罗斯海姆、明斯特、什勒茨塔特、米卢斯、塞尔兹)。该组织是一个松散的经济联邦,在政治上坚持平等与合作,并互为各自的自由和经济利益正名,在发生冲突时进行互相援助。虽然"十城联盟"于1679年解体,但这一制度化的区域自治模式成为巴塞尔三国城市群在现代进行区域互联与跨国合作的基础。由于长期的交流,上莱茵河谷区域的人民有着几乎一致的文化认同和文化记忆。这为该区域经济、政治、文化与社会的进一步互联提供了民众基础。

(二)工业化时期(*18—19世纪*)

到了18世纪,随着欧洲工业革命的蓬勃发展,巴塞尔三国城市群逐渐发展成为以米卢斯为核心的工业区域。1746年,米卢斯建立了与国际棉花采购市场(主要为美国路易斯安那州和印度)有紧密联系的纺织制造业。1798年,为了避免关税壁垒,米卢斯自愿加入法兰西共和国(此前,米卢斯为瑞士联邦的成员)。在此之后,米卢斯的建筑业、纺织业、造纸业和印刷业迅猛发展,在19世纪初成为欧洲最主要的工业城市之一,并形成了纺织业的产业集群。此时,巴塞尔地区的纺织业和印刷业也得到了一定的工业化发展。因此,巴塞尔地区和米卢斯的相关工业、企业和投资人在一定程度上进行了交流与合作。而后,随着瑞士联邦脱离拿破仑领导下的法国而独立(1815年),罗马时期和中世纪时期的基于平等关系、人民意愿、宪法和行政制度的城邦联合自治在上莱茵河谷区域复兴。1835年,巴塞尔和瑞士其他地区的纺织商在德国维森兰(Wiesental)建立了生产基地,并建立了一个具有标准化财政经济框架的内部市场。该市场迅速扩张至阿尔萨斯—洛特林根地区和卢森堡。自此之后,巴塞尔和其他瑞士纺织商获得了从东普鲁士到卢森堡(东西一轴),以及从德国石勒苏益格—荷尔斯泰因(Schleswig-Holstein)

到瑞士（南北一轴）的免税通道。巴塞尔三国城市群的纺织业集群形成，并成为该地区的主导产业。到了19世纪，该区域共有约6万名纺织工人。

随着纺织业的发展，米卢斯–塔恩（Mulhouse-Thann）地区成立了第一个为纺织业服务的化学（印染）工厂。而巴塞尔地区高度发展的棉布和丝绸纺织业对印染业及其相关的盐矿开发业也产生了较高的需求。因此，从19世纪开始，一系列以印染化工为主的化学工厂在巴塞尔成立，并逐渐发展为完善的农业化工和工业化工产业集群。巴塞尔为了吸引来自德国和法国的投资者和企业家，设立了一套法律体系以保护他们在德国和法国注册的发明专利。当时的法国只保障产品的专利权，却无视科学家和发明家在制造过程中进行的创新专利，导致大批科学家和发明家离开法国（尤其是阿尔萨斯地区）到瑞士发展。在这一人口迁移的驱动下，以家族企业为主的经济体在阿尔萨斯地区和巴塞尔地区产生了紧密的联系。欧洲大陆第一条国际铁路也在人口迁移的驱动下，于1841年在斯特拉斯堡和巴塞尔之间建成。

同时，巴塞尔地区的工业发展也得益于其和平的发展环境和中立的政治制度。1871年，由于德法战争的爆发，德国和法国的工业资本逐渐流向与其接壤的、发展环境更为安定的巴塞尔地区。得益于最初的化工产业发展，如今的巴塞尔地区的经济发展逐渐形成了以诺华（Novatis）和罗氏（Roche）两大企业为引领的由生命科学和制药产业集群所主导的模式（详见本书第三章第一节）。该区域对国际专利和创新的重视也有力促进了其经济不断发展。

（三）区域一体化时期（20世纪后）

从1871年到1945年的几十年间，欧洲大陆的几次大战争造成了大量的人员伤亡和巨大的经济损失，并由此产生了信任危机，且凸显了欧洲各国各自为政和互相争霸政策的失败。数十年的战争也阻断了巴塞尔三国城市群的相互联系。"二战"之后，欧洲区域间的合作需要由小规模或者私人组织采取更加温和的行动来引导跨国沟通。

20世纪50年代，在欧洲一体化和欧洲内部跨境区域合作加强的背景下，巴塞尔三国城市群重新开始寻求更加深层次的跨国交流。此时，由于历史悠久的跨境联系，巴塞尔三国城市群逐渐从私人层面和小规模的相互合作、共同治理转向制度化的区域合作。20世纪60—80年代，在巴塞尔三国城市群历史时期形成的跨国经济集群影响下，由地方政府、企业、大学和市民社会共同参与的一系列区域联盟正式成立。这些区域联盟包括以巴塞尔为核心的巴塞尔区（Regio Basiliensis）、以米卢斯为核心的上莱茵省（Rigio du Haut-Rhin）和以弗赖堡为核心的弗赖堡地区联盟（Freiburger Regio Gesellschaft）。这些区域联盟的目标均为寻求三国城市群发展的合作方案，并为区域间的科技创新和技术交流提供便利渠道，以使该区域实现共赢并更加具有竞争力。然而此时，这些区域联盟仍然以零散的民间倡议为主。

1971年，巴塞尔三国城市群的共同治理方案被正式提上议程——德国弗赖堡地区主席、洛拉赫县长，法国上莱茵省总督、总理事会主席，瑞士各省的代表和巴塞尔市代表共同出席了三国会议"Conférence Tripartite"，共商上莱茵河谷区域合作共治事宜。1975年，德国、法国和瑞士三国通过了成立评估和解决国境边界"邻里"问题的委员会条约（*Bonner Abkommen Treaty*），并在1976年促成了国家层面的合作协议。此后，该跨国委员会就经济、交通、环境、文化、媒体和临时性紧急问题成立专门的工作组。随着1988年《维森堡意向声明》（*Declaration of Intent of Wissembourg*）和1989年《阿尔萨斯—南巴登—瑞士西北部联合发展概念意向声明》（*Declaration of Intent for a Joined Development Concept Alsace-South Baden-Northwestern Switzerland*）的签订，该区域加入欧盟的INTERREG-Ⅰ计划，获得欧盟对上莱茵河谷区域成立德国-法国-瑞士跨国行政区的资助。1991年，德国-法国-瑞士政府委员会的区域委员会开始列席德国-瑞士-法国上莱茵会议（German-French-Swiss Upper Rhine Conference, ORK）。此后，ORK在《卡尔斯鲁厄条约》（*Karlsruher Treaty*）签订（1996年）后成为该区域国际交流合作问题的专门会议。1996年，上莱茵地区当局被欧盟授予区域和城市合作的自主跨界合作协议的权利。1997年，上莱茵理事会（Upper Rhine

Council）成立。该理事会于1998年在斯特拉斯堡正式开展工作。2000年，《巴塞尔公约》的签订进一步加强了ORK在政府之间调停的职能。2010年，上莱茵理事会正式成立了上莱茵河谷三国大都市区（Trinational Metropolitan Region of Upper Rhine，TMO，图2-1），以进一步加强该区域在经济、政治、科学、文化和市民社会方面的相互交流。21世纪后，一系列欧洲行政区在TMO区域设立，标志着该区域的进一步一体化。

图 2-1　上莱茵河谷三国大都市区

（资料来源：http://www.espaces-transfrontaliers.org/en/resources/territories/territory-factsheets/territories/territory/show/region-metropolitaine-trinationale-du-rhin-superieur/，访问日期：2020年6月18日，编者翻译）

如今，这场持续超过半个世纪的制度化区域互联进程将整个上莱茵河谷区域变成了一个真正一体化的跨国区域（表2-3），并建成了强有力的、制度化的区域民主制度。该跨国合作区域的核心任务是增强区域的国际竞争力、创造经济发展的机会和促进创新、保障人民的福祉，同时，保证该区域不受特定的利益集团或者某个国家的利益所影响。

表 2-3　巴塞尔三国城市群一体化进程

	进程	事　　件
民间请愿时期	1950 年代	私人化或小规模的相互合作和共同治理模式
	1963 年	Regio Basiliensis 在巴塞尔成立
	1965 年	Rigio du Haut-Rhin 在米卢斯成立
	1985 年	Freiburger Regio Gesellschaft 在弗赖堡成立
各级政府层面对三国城市群区域化的促进	1971 年	三国会议 Conférence Tripartite 召开
	1975 年	德国、法国和瑞士三国通过了成立评估和解决国境边界"邻里"问题的委员会条约（Bonner Abkommen Treaty）
	1976 年	德国－法国－瑞士政府理事会成立
	1982 年	德国－法国－瑞士政府理事会签订《区域当局之间国际合作的欧洲框架协定》，并将科学发展写入共同发展的纲要中
	1991 年	德国－法国－瑞士政府委员会的区域委员会开始列席德国－瑞士－法国上莱茵会议（ORK）
	1996 年	《卡尔斯鲁厄条约》签订。之后，ORK 成为上莱茵河谷区域国际交流合作问题的专门会议
	1997 年	上莱茵理事会成立
	2005 年	"斯特拉斯堡—欧特诺"欧洲行政区成立
	2006 年	"弗赖堡—南阿尔萨斯中心区"欧洲行政区成立
	2007 年	"帕拉蒂茨、上莱茵中部、北阿尔萨斯地区"与"南阿尔萨斯和巴塞尔"欧洲行政区成立
	2010 年	上莱茵理事会正式成立了上莱茵河谷三国大都市区（TMO）

二、上莱茵河谷区域发展的机遇与挑战

2016年，上莱茵河谷区域共有330万就业人口，其中有9.3万人需要每天进行跨境通勤。在区域互联的背景下，该区域成为欧洲中部地区创新、交通、教育、前沿科学研究和优质生活的汇集地。并且在科技与创新的不断驱

动下，该地区依然有着良好的经济发展机遇与前景。

然而，该区域的发展仍然面对着诸多挑战，如政治破碎化（区域内部的治理机构繁复）、监管密度高、某些传统的经济部门增长乏力、市政当局的税收竞争（德国、法国相对高的税收和相对较低的生活成本，瑞士地区相对低的税收和相对高的生活成本）、欧洲逐步一体化使区域竞争力下降、新市场的竞争、产业集聚效应产生的对某些行业的过分依赖、家庭结构改变和人口老龄化等。同时，上莱茵河谷区域内部的竞争也较为激烈。由于该区域内部的产业结构较为单一，并且都依赖于其传统的商业和化工/制药产业，形成了较为类似的产业集聚现象（如巴塞尔和斯特拉斯堡都以生命科学产业集群为经济的主要驱动力）。

第三节　瑞士概况

瑞士全称为瑞士联邦（Swiss Confederation，其拉丁语表达为Confederatio Helvetica，因此在国际标准化组织中，瑞士的缩写为CH），成立于1848年。

瑞士国土面积为4.1万平方千米，人口860.6万人（2019年）。该国位于西欧中部，阿尔卑斯山是其南部和北部之间的自然分界线。瑞士边境线绵长，长1852千米，其中，与奥地利相交的边境线长164千米，与法国相交的边境线长573千米，与德国相交的边境线长334千米，与意大利相交的边境线长740千米，与列支敦士登相交的边境线长41千米。在自然地貌方面，瑞士以山地为主（FSO, 2019）。同时，瑞士位于欧洲主要气候区（海洋气候、北欧气候、地中海和大陆气候）的交汇点，包括3个地理区：汝拉山区（占国土面积约10%）、中部高原（占国土面积约30%）和阿尔卑斯山区（占国土面积60%）。所以，瑞士各地气候受地域和日照的影响也有很大的差异。从地区看：被群山包围的北部平原气候比较暖和；湖畔地区也是气候适宜的地方，但是一天内的温差较大；瑞士南部因受地中海影响，比较热。[①]如今，瑞士的农业区占国土面积的37%，森林覆盖率为31%，城市地区和人类居住区共占国土面积的7%，非生产性区域占国土面积的25%（Kienast et al., 2004）。瑞士有4种官方语言（德语、法语、意大利语和拉丁罗曼语）。生活在瑞士的人主要信奉基督教：人口中约38%信奉天主教、27%信奉新教（2015年的统计数据）。[②]瑞士最大的特点便是自然景观和文化的多样性。

瑞士联邦将26个历史上密切联系但政治上和地理上并不相互归属的州（canton）合并为一个共同的政治体，但仍保留各州的自治权。自1959年以来，由7名成员组成的瑞士内阁——联邦委员会（Federal Council）——一直由瑞士4个主要政党的代表组成：激进民主党（the Radical Democratic Party）、社会党（the Socialist Party）、基督教民主党（the Christian Democratic Party）和瑞士人民党（Swiss People's Party）。每隔4年，在瑞士议会2个新当选的议院联席会议上会选出246名内阁成员（联邦议员），包括代表人民的200名国民议会议员和代表各州的46名国务委员会议员。瑞士人民在瑞士的政治制度中拥有相当大的权力，因此，瑞士公民每年都要参加数次投票。

本节将从人口与社会、经济与产业发展、城市与区域发展三个方面介绍瑞士的概况。

一、人口与社会

2010—2019年间，瑞士的人口增长率保持在1%左右，男性和女性的平均寿命均超过80岁，老龄化程度较高。25～64岁的人口（正在就业的人口）受高等教育的比例为42.6%（其中，男性受高等教育的比例为45.05%，女性则为37.45%）。与全球其他国家相比，瑞士的失业率较低（2017年仅有3%不

---

① https://www.myswitzerland.com/zh-hans/planning/about-switzerland/general-facts/facts-about-switzerland/climate/，访问日期：2020年4月30日。

② https://www.myswitzerland.com/zh-hans/planning/about-switzerland/general-facts/facts-about-switzerland/religion/，访问日期：2020年4月30日。

到的就业年龄人口未能就业）。同时，与西欧其他国家类似，瑞士拥有大量的国际移民。2010—2019年间，每年移入瑞士的国际移民均在4万人以上。2017年，将近25%的瑞士常住居民持有非瑞士护照（FSO，2019）。

针对瑞士境内日益增加的移民人口，瑞士联邦政府于2005年出台了《联邦外国人法案》（*Federal Law on Foreigners*），以促进国内的社会融合。这一法案的核心目标为：在坚守瑞士联邦宪法的前提下，来自各个国家和各个民族的人相互尊敬和包容。依照该法案，一切外国人在瑞士都必须学习瑞士的官方语言，从而合法地参与到经济、社会和文化生活中。对于难民而言，他们必须参与到社会融合活动中（如社会培训或就业方案），不然他们的社会保障金将会相应减少（最多可减少30%）。①

在健康情况方面，瑞士联邦政府自2015年起，每年投入GDP的10%左右用于医疗健康事业。根据2017年的国民问卷调查，瑞士86%的男性和83%的女性认为，他们自身的总体健康状态良好或者非常好。相对于仅受过义务教育的群体来说，更多受过高等教育的人觉得自己处于健康状态（FSO，2019）。

如果仅考虑人均GDP，瑞士是世界上最富有的国家之一。2016年，瑞士家庭的平均收入为10033瑞士法郎/月。人们主要的收入来源为工资、养老金和社会福利收入。然而，不同群体之间的收入差距巨大。2012—2014年，收入最高的五分之一人口的平均总收入为20302瑞士法郎/月，几乎是收入最低的五分之一人口（3542瑞士法郎/月）的6倍。瑞士依然有14.7%的人口生活在贫困之中。②在瑞士，贫困与否主要取决于家庭情况和受教育水平。例如，65岁以下没有子女的单身人口（15.7%的贫困率）比没有子女的65岁以下的夫妇（5.6%的贫困率）面临贫困的风险高出1.8倍；后者的风险是有两个孩子家庭的1/2，是有三个孩子家庭的26%，是单亲家庭的22%。此外，受过

---

① Swiss Federal Council, State Secretariat for Migration, https://www.sem.admin.ch/sem/de/home/ themen/integration/politik.html，访问日期：2020年4月30日。

② https://www.bfs.admin.ch/bfs/en/home/statistics/economic-social-situation-population/economic-and-social-situation-of-the-population/poverty-and-material-deprivation/risk-poverty.html，访问日期：2020年4月30日。

高等教育的人面临贫困的风险（7%）几乎是仅接受过义务教育的人（贫困风险27.7%）的四分之一。65岁及以上的人口则是一个特例。虽然他们面临贫困风险的可能性较高（尤其是65岁以上的独身老人），但由于他们中有很多人会将曾经积累的资产用于日常开销，因此，老年贫困人口往往比统计数据中所显示的数量要少（由于积累的资产难以统计）。同时，单亲家庭、失业人口和一些贫困地区移入的移民也是面临较高贫困风险的人口。

除此之外，瑞士社会的另一大重要特征是其慈善事业的发展。根据2015年的数据，瑞士共有超过1.3万家私募慈善基金会。这些基金会根据本土的需求进行慈善活动，它们遍布瑞士各州。越富有的州或者社区通常会有越多的慈善基金会。苏黎世州（ZH）、伯尔尼州（BE）、沃州（VD）和日内瓦州（GE）拥有最多的基金会。这些基金会通常被瑞士政府视为社会的基础，它们一般为社会企业、公民利益（如儿童和未成年人保护、老龄人口保障、临终关怀等）或艺术活动进行资助。

二、经济与产业发展

与欧洲其他国家相比，瑞士的GDP增长速度较快。尽管如此，自1990年以来，瑞士经济的增长速度一直低于其他经济合作与发展组织（The Organization for Economic Co-operation and Development，OECD）成员国家。经历了20世纪90年代的经济衰退之后，瑞士经济在千年之交再次复苏。自此以后，其经济增长速度比此前更加强劲（除了世界金融危机之后的2009年）。

截至2016年，瑞士约有58.6万私人企业。这些企业中，99%以上的企业是中小型企业，即雇员少于250人（按全职人员计算）。其中，又有90%是微型企业，即雇员不到10人。瑞士的经济结构自1995年以来一直都在稳步发展。其中，最引人注目的变化为第二和第三产业。如今，与大多数发达国家一样，第三产业（主要为金融服务业和旅游业）在瑞士经济中占主导地位。近年来，商业服务、资讯科技服务、研发行业、医疗和社会服务部门的营业额逐步增长，活跃在经济市场的服务业企业超过44.2万家。2005年以来，由于原材料短缺，瑞士的第二产业中仅有机械制造、制药和制表等专业制造业发展态势较好。在近年来的经济转型的影响下，瑞士的建筑、纺织、皮革、纸张、印刷、出版和发动机制造业由于发展缓慢或停滞，不得不进行一定规模的裁员。而第一产业在瑞士经济增加值中所占份额仅为0.6%（2017年数据），十余年来处于稳定状态。对外贸易对瑞士经济极为重要，其人均进出口总额和进出口值占GDP的比例在世界名列前茅。瑞士的主要贸易伙伴是那些工业化发展完善的国家，尤其是欧盟国家（2017年，欧盟国家贸易占瑞士总出口额的45%，占瑞士总进口额的59%）。

同时，瑞士的第一、第二、第三产业都形成了一定的产业集聚。总体来说，瑞士的产业集群分为主要产业集群（金融业集群、金属制造业集群、化工产业集群、钟表与精密仪器制造业集群和电机制造业集群，图2-2）、就业密集型产业集群（旅游产业集群、餐饮业集群，图2-3）和地方特色产业集群（纺织业集群、皮革业集群和绣花装饰业集群，图2-4）。

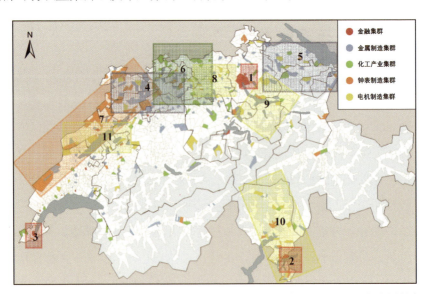

1-苏黎世金融业集群；2-卢加诺金融业集群；3-日内瓦金融业集群；4-汝拉北部金属制造业集群；5-莱茵/博登西/威尔金属制造业集群；6-西北部化工产业集群；7-汝拉钟表与精密仪器制造业集群；8-北汝拉苏弗斯/阿尔高中部电机制造业集群；9-楚格/苏黎世高地电机制造业集群；10-提契诺州电机制造业集群；11-纳沙泰尔湖电机制造业集群。

图2-2 瑞士主要产业集群分布

（资料来源：Gugler & Keller，2009，编者翻译）

第二章 实习区域的地理、历史和社会文化背景

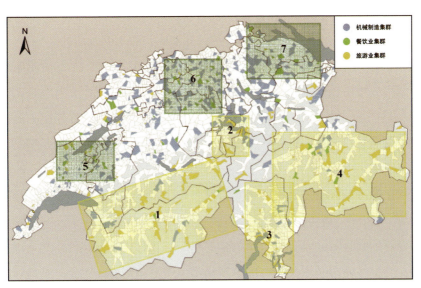

1-瓦莱/伯纳奥伯兰旅游产业集群；2-卢塞恩湖旅游产业集群；3-提契诺州旅游产业集群；4-格里森旅游产业集群；5-弗里堡/北沃德餐饮业集群；6-阿尔高/卢塞恩餐饮业集群；7-东北部餐饮业集群。

图 2-3　瑞士就业密集型产业集群分布

（资料来源：Gugler & Keller，2009，编者翻译）

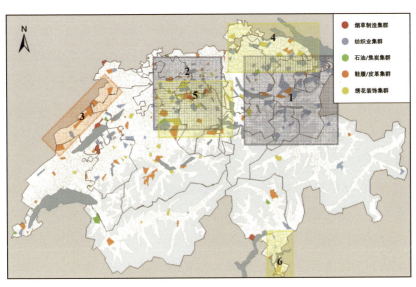

1-东部纺织业集群；2-阿尔高/奥贝拉高/卢塞恩纺织业集群；3-汝拉中部鞋履/皮革业集群；4-东北部绣花装饰业集群；5-阿尔高/奥贝拉高/卢塞恩绣花装饰业集群；6-提契诺州绣花装饰业集群。

图 2-4　瑞士地方特色产业集群分布

（资料来源：Gugler & Keller，2009，编者翻译）

三、城市与区域发展

经济合作与发展组织将瑞士的城市区域划分为10个核心功能城市区（以城市或城市核心为特征的经济单元，是与城市在功能上相互联系的通勤区）：日内瓦、洛桑、比尔、伯尔尼、巴塞尔、卢塞恩、苏黎世、温特图尔、圣加仑、卢加诺。这些城市是瑞士人口最为密集的区域，也是核心的经济发展区域。

瑞士的区域经济发展较为平衡，城乡差距较小，大部分乡村地区交通情况较好。[①]因此，瑞士内部的区域发展面临的主要问题有两个：一是如何在城市发展的同时保证农业对土地的合理利用，并对具有景观价值的土地进行保护；二是在城市区域如何合理重新利用由于工业发展而荒废的土地。在此背景下，瑞士联邦政府于2015年更新了其区域政策《联邦集聚政策》，同时发布了山区和其他农村地区发展的政策。这些政策提倡加强跨部门和多层次的治理以及协调城乡联系，属于空间发展战略，并影响了其他相关政策（如运输、环境或农业政策）的进一步制定。

瑞士的区域发展目标是提高各地区的竞争力和创造附加值，从而在各地区创造和保障就业机会，维护分散化的定居模式，并缩小地区之间的差距。[②]在2016年之后，瑞士的区域规划更加注重创新产业和旅游业，并着重考虑三个方面的问题：一是提高区域的经济实力和竞争力，二是国家方案和部门政策之间的合作和协同，三是区域政策知识体系的能力建设。为了解决上述问题，瑞士的区域发展以下列五个方面为重心：①促进中小企业的创新。为了实现这一目标，联邦区域政策必须加强对区域创新系统和创新网络的支持。②促进各个区域的旅游业发展。近年来，旅游业的发展越来越受到气候和环境变化的影响，因此，必须重视旅游业的可持续发展。③发展数字产业。数字化被认为是促进经济发展活动最为重要的因素之一，为此，必须大力提

---

① https://www.oecd.org/cfe/SWITZERLAND-Regions-and-Cities-2018.pdf，访问日期：2020年4月30日。

② http://www.oecd.org/cfe/_Switzerland.pdf，访问日期：2020年4月30日。

升数字化在经济发展中的作用。④构建城市网络，从而提升生活质量、社会融合、归属感、效率与合作。⑤促进山区和农村地区的可持续发展和创新活动。

另外，瑞士是一个重视可持续发展、节约能源、资源回收利用和生态平衡的国家。瑞士的区域发展政策也注重推广可持续的生产和生活方式。人口和经济的增长通常伴随着自然资源的消耗和碳排放量的增加——除非人们改变消费行为或通过技术进步提高能源使用效率。在瑞士，能源和土地消耗往往以与人口增长大致相同的速度增长，城市垃圾量增长与GDP增长也保持同步，而瑞士的温室气体排放量自1990年以来基本保持不变。也就是说，尽管人口和经济需要不断增长，水和其他物质的消耗却减少了（FSO，2019）。在生活方式方面，瑞士公民是坚定的环保主义者——94%的旧玻璃瓶和81%的旧塑料（PET）容器都被送到特定的回收点进行循环利用，而非直接丢弃。

第四节　实习地点概况

一、巴塞尔

巴塞尔是瑞士的第三大城市，位于瑞士、德国和法国三国交界处和莱茵河的拐弯处，是一个莱茵河畔的全球城市，也是一个绿色城市。由于莱茵河是欧洲城市发展的生命线和重要贸易路线，巴塞尔一直是富裕的国际化城市。2500多年前，凯尔特人控制着莱茵河上的这个贸易中心，来自世界各地的货物都是从这里乘船运往目的地的。罗马人紧随其后，之后是日耳曼部落。巴塞尔是瑞士最古老的大学城，一直非常重视教育，从中世纪开始就作为学术和文化的中心发展起来。1460年成立的巴塞尔大学极大地促进了当地的印刷业发展。得益于莱茵河带来的水资源，15世纪末，巴塞尔成为欧洲造纸业中心，共诞生了70余家造纸厂和50多家出版社。世界第一部印刷版的

《圣经》便是出产于巴塞尔。作为博物馆之城，巴塞尔除了拥有欧洲最早的美术馆之外，还有漫画博物馆、纸艺博物馆等近40个独具个性的博物馆，其中，美术馆是欧洲历史最悠久的公共博物馆。巴塞尔有着美丽的老城区，举办过很多现代建筑和现代美术展览。同时，18世纪的丝绸制造业和印染业促使巴塞尔逐渐在相关的化学工业和后来的制药产业上有所作为。如今，巴塞尔的制药产业和化工产业久负盛名，著名的诺华制药和罗氏制药的总部便设在巴塞尔。长期以来，巴塞尔的富裕市民一直通过慈善事业慷慨地支持和资助艺术和建筑，从而塑造城市公共生活。

二、斯特拉斯堡

斯特拉斯堡位于法国的东部，与德国的巴登–符登堡邦隔莱茵河相望。斯特拉斯堡的名称源于日耳曼语，意为"通衢之镇"，系由公元前12年古罗马帝国为控制莱茵河而建立的一个兵营发展而来。斯特拉斯堡是法国阿尔萨斯地区的主要城市之一，是法国大东部大区与下莱茵省的首府。如今，斯特拉斯堡是众多国际组织总部的所在地。斯特拉斯堡与比利时的首都布鲁塞尔一样，驻有欧盟的许多重要机构，包括欧洲人权法院、欧盟反贪局、欧洲军团总部、欧洲视听观察局以及欧洲议会等，因此被誉为欧盟的"第二首都"。斯特拉斯堡的历史中心位于伊尔河两条支流环绕的大岛，这一区域拥有中世纪以来的大量精美建筑，如斯特拉斯堡大教堂与"小法兰西"，1988年被联合国教科文组织列为世界文化遗产。

三、弗赖堡

弗赖堡是德国巴登–符腾堡州直辖市、弗赖堡行政区首府。该城市位于黑森林南部的最西端。历史上，弗赖堡是黑森林西部、上莱茵河平原地区的交通枢纽。作为古老的大学城和天主教教区中心，弗赖堡有文艺复兴时期创建的弗赖堡大学，以及著名的中世纪弗赖堡大教堂。弗赖堡是巴登葡萄酒产区的中心。除了作为德国气候最温暖、阳光最灿烂的城市之外，它也以先进的环保理念和高水平生活而闻名。早在1120年，当扎林格王朝的统治者建立弗赖堡时，他们就注意到了这座城市的气候：新城市的主轴让周围黑森林的冷风一夜一夜穿越整个城市。同时，当时的统治者设计了一个巧妙的系统：巴赫勒（Bächle）——一个总长度超过9千米的小型开放运河系统——为居民和企业提供日常使用的黑森林淡水，并以自然方式从城市中清除雨水和污水。保持与自然的密切关系成为弗赖堡发展的准则。弗赖堡是20世纪环保运动的发源地之一。20世纪70年代，弗赖堡的居民成功抵御了怀拉姆·凯瑟斯图尔（Wyhlam Kaiserstuhl）核电站的建设，并成立了第一个生态研究所以及当今欧洲最大的太阳能研究机构弗劳恩霍夫研究所。20世纪90年代末，一个新的生态社区在从前的法军驻地沃邦（Vauban）建造起来。作为"可持续发展的模范区"，这个小社区中的很多家用电器通过太阳能提供能源，并禁止汽车行驶。该地区产生的能源甚至超过了其能源消耗。与之几乎同时建成的丽瑟菲尔德（Rieselfeld）同样是一个自给自足的可持续发展样板项目，该地区的人们都以最低限度使用自然资源的方式过着高质量的生活。

四、米卢斯

米卢斯位于法国东部，是法国上莱茵省最大的城市，也是阿尔萨斯地区仅次于斯特拉斯堡的第二大城市。米卢斯邻近德国和瑞士，并与这两个国家保持密切的往来。19世纪末，米卢斯是上莱茵河谷地区南部最大的工业城市，以纺织业、纺织工程、运输制造业、造纸业和化学工业（印染业）为主要产业，被称为法国的曼彻斯特。当时，工人和中产阶级居住的住宅区被建设成标准的花园社区，代表了工业时期的人文关怀。它的工业史熔铸了该市的特色，也使得米卢斯大学拥有著名的科学实验室。该大学还是法国第一个建立徒工培训中心的大学。在经历了"二战"后的产业升级和转移之后，米卢斯的工业遗产正在等待更新改造，以使其成为更具有吸引力的商业和其他第三产业的选址，并促进过去工人社区的社会融合。由于过去的工业发展吸引了大量的跨国移民，米卢斯因而成为一个全球化城市。其每个周末的食品和小商品交易市场成为法国东北部最大的市场——在这里，来自南欧、亚洲和北非的商品与当地特色商品一起出售，形成了独特的跨国景观。

五、科尔马尔

科尔马尔地处法国阿尔萨斯大区东部，是上莱茵省的首府，位于莱茵河支流伊尔河以西、孚日山以东。它是阿尔萨斯地区人口仅次于斯特拉斯堡和米卢斯的第三大城市。科尔马尔曾是阿尔萨斯地区在神圣罗马帝国时期"十城联盟"的一员，有纺织、食品、化学、机械和木材加工等工业，是重要的葡萄酒市场。科尔马尔有铁路和运河连接莱茵河，在交通要道附近设有纺织工业学校。科尔马尔也是法国最浪漫的地区之一，因其境内运河和花船而得名（因此，科尔马尔又被称为"小威尼斯"）。始建于中世纪的哥特式圣马丁学院教堂和多米尼加大教堂周围的历史建筑奇迹般地在过去6个世纪的战争中幸存下来而没有被摧毁，因此成为当地重要的文化遗产和地标建筑。同时，科尔马尔的位置和它极其适合葡萄种植的气候条件（阳光明媚，并且是法国最干燥的城市之一），为它赢得了阿尔萨斯葡萄酒之都的美誉。

六、沙夫豪森

沙夫豪森位于瑞士最北部的一角，在瑞士东部与德国交界处的莱茵河"关节"位置，是莱茵瀑布的所在地。早在中世纪时期，因为莱茵瀑布的天堑，往来于此的运货商往往需要找地方卸货和存储货物来避免船只因激流而无法通行，于是，人员的聚集使这座小城镇应运而生。如今，沙夫豪森的老城区依旧是一个不允许交通工具通行的古镇，因其所拥有的凸肚窗和大气的外墙喷彩而被认为是瑞士最美的地方之一。许多精致的行会和商会建筑可以追溯到哥特时期和巴洛克时期。沙夫豪森也因其轻工业著名——享负盛名的万国手表的制造工厂便在沙夫豪森。

七、圣加仑

圣加仑位于瑞士东北部，是圣加仑州的首府。思泰纳赫河穿越其中，最后汇入博登湖。圣加仑具有得天独厚的地理位置——位于瑞士、德国、奥地利和列支敦士登公国4国交界之处。圣加仑始建于7世纪，邻近瑞士最大城市苏黎世，在中世纪时便成为欧洲最为重要的文化和教育中心之一。如今，其已经成为瑞士东部的文化经济中心，主要产业为服务业。欧洲最顶尖的商学院之一、有欧洲的哈佛大学美誉的圣加仑大学便位于此。圣加仑修道院于1983年入选联合国教科文组织世界遗产名录，其著名的图书馆中最早的藏书可追溯到公元9世纪。

八、苏黎世

苏黎世位于瑞士的东北部，是苏黎世州的首府、瑞士的最大城市，是瑞士的经济与教育中心，被誉为世界最贵城市。这座位于欧洲中心地带的国际都市拥有各种现代化便利设施，同时保存了良好的自然环境。在生活品质方面，多年来，苏黎世一直位居世界顶级城市之列。这座精致的城市虽然小巧玲珑却包罗万象。早在中世纪初期，苏黎世就已成为繁荣的商业中心。1519年的宗教改革使这里的经济更加繁荣，苏黎世迅速成为瑞士的金融中心。瑞士联合银行（UBS）、瑞士信贷银行（Credit Suisse）和许多私人银行都将总部设在苏黎世。同时，苏黎世非常前卫：不仅仅是达达主义的故乡，也是Freitag包和举世闻名的赫维提卡字体的发源地。瑞士联邦理工学院（ETH）的研究者和谷歌、迪斯尼研究中心的团队推出一项又一项创新成果。苏黎世还拥有强大的创造力，这得益于欧洲最大的艺术类专业大学之一——苏黎世艺术大学（ZHdK），苏黎世美术馆、装置艺术之家和设计博物馆等机构更为苏黎世这座城市锦上添花。

九、因特拉肯

因特拉肯位于瑞士的中部，夹在西边图恩湖和东边布里恩茨湖之间（因特拉肯的意思为"在湖水之间"），阿勒河穿城而过，四周绿茵环绕。它是阿尔卑斯山观光的重镇，是通向少女峰、艾格尔峰的中转站。由于是旅游重镇，因特拉肯市区内遍布旅店、旅游纪念品和手表商店以及旅游公司。

十、伯尔尼

伯尔尼位于瑞士西部中心偏北区域，是仅次于苏黎世、日内瓦、巴塞尔和洛桑的瑞士第五大城市，是伯尔尼州的首府和瑞士的政治中心。1191年，柴林根家族利用阿勒河形成的半岛状地带，创建了伯尔尼城。这个美丽的旧城区于1983年被联合国教科文组织列为世界文化遗产。伯尔尼这个名字来源于该城的象征——熊（柴林根公爵在该地区狩猎到的第一种猎物，因而命名该城为Bern，意为"熊"）。伯尔尼作为瑞士联邦的首都（瑞士没有设立首都，但由于伯尔尼是联邦政府所在地，因此被称为瑞士联邦的首都），具备了便利的现代化大都市的功能体系。

十一、日内瓦

日内瓦是瑞士第二大城市，日内瓦州首府，镶嵌在阿尔卑斯山脉和汝拉山区之间，坐落于日内瓦湖（莱芒湖）和罗讷河的交界处。日内瓦是一座著名的国际城市。在两次世界大战之间，国际联盟（联合国的前身）的总部便位于此。因此，日内瓦有"和平之都"的美称。如今，日内瓦享誉盛名是因为它是众多国际组织和欧洲组织的总部所在地。日内瓦国民经济的支柱产业是第三产业。这个城市有着古老的金融业传统，保留着大量的私人银行业务和国际贸易融资业务。同时，日内瓦有着悠久的制表传统，是多个国际知名高级手表品牌的产地（诞生于日内瓦的主要手表品牌包括百达翡丽、江诗丹顿、劳力士、伯爵、肖邦）。

十二、拉绍德封

拉绍德封位于瑞士西北部,在汝拉山脚的法国边境附近,是瑞士海拔最高的城市(海拔1000米)。19世纪初一场大火之后,拉绍德封的整个城区以棋盘式布局重建,整齐有序。拉绍德封是连接纳沙泰尔、比尔、汝拉地区的交通枢纽,是瑞士钟表制造业的发展中心,被誉为"世界奢华手表之都"。拉绍德封拥有瑞士最大的钟表博物馆,从古老的日晷到先进的精密钟表都被收藏在此,是游客的必访之所。拉绍德封同时也是世界著名建筑家勒·科布西耶(Le Corbusier)、瑞士的赛车手/汽车工程师雪佛兰(Chevrolet)、作家布莱斯·桑德拉尔(Blaise Cendrars)的故乡。拉绍德封于2009年与勒洛克勒(瑞士钟表双子城)一同被联合国教科文组织列为世界文化遗产。建筑家勒·柯布西耶早期作品之一"白色别墅"(Maison Blanche)落成于拉绍德封,该建筑是1912年柯布西耶为其父母所建的房子。

第三章 实习主题与主要内容

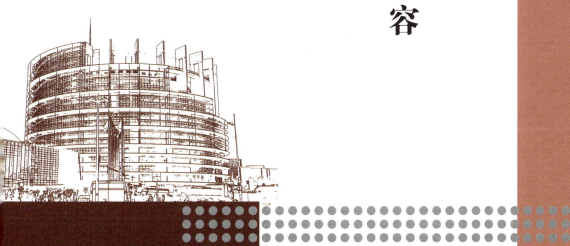

第一节 产业集聚、企业互联与经济地理学

经济地理学是有关人们或组织在哪里获得资本、使用资本、聚集资本和转化资本的学科。经济地理学研究经济活动区位、空间组织及其与地理环境的相互关系（李小建，2006），探索社会生产、分配、再生产的地理位置与路径，并结合时间和空间的概念思考经济活动如何维持、塑造、颠覆和毁灭一个既有的地理区域（Gregory et al., 2011: 178）。在各种各样的机构和经济活动作用下，当今世界的经济形成了复杂的发展模式（Cloke et al., 2014）和一个又一个将不同的地方与空间联系在一起的"隐形"网络。在此背景下，经济地理学在20世纪80年代后经历了一系列发展和转向（包括制度转向、文化转向、尺度转向和关系转向），以使其与社会科学发展的主流思潮保持一致（苗长虹，2004），且形成了以下三方面的"新"特征（Yeung & Lin, 2003）。第一，通过将经济嵌入文化、制度和政治中，大大拓展了经济地理学对经济的理解，并对新古典经济学缺乏社会化的经济行动理论提出了严峻挑战。任何经济、文化、制度和政治都是具有地方性和空间性的，因此，经济行为存在着带有根本性的社会空间根植性。第二，通过将社会行动者概念化为具有多元性和多中心性、根植于社会实践和话语中的经济单元，大大拓展了经济地理学对经济行动者的理解：经济行动者绝不是受利润最大化的单一逻辑支配的，它同时受权力关系管制下的和由行动者的性别、种族、阶级、文化等属性影响下的多元实践的约束。第三，通过将经济行为嵌入其所发生的特定情景中，大大拓展了经济地理学对经济行为者和其所处的情景之间关系的理解。由于经济行动和行为的多中心性，在时间上和空间上，事先决定经济后果是不可能的。对经济行为者来讲，情景并非外部的，而是经济行动整体的有机组成部分——是情景设定了经济行动得以实现和分析的权变条件。也正是情景的权变性质，使新经济地理学反对实证主义的逻辑决定论

和马克思主义的结构决定论。

自20世纪80年代起，伴随着经济的全球化和信息时代的到来，强调区位的"地方的空间"（space of places）逐渐被强调联系和动态社会实践的"流动的空间"（space of flows）（Castells，2005）所代替。因此，经济地理学对区域发展的关注不再将区域等同于静态的区位，而是倾向于将本地产业自身的发展与其他区域的发展、外部资本、知识和资源等联系在一起，探索不同区域发展的路径。在现实世界里，不同的行业和企业都可以被视为经济活动中的社会行动者，他们通过自身的生产、销售、服务和投资等经济行为不断生产和重塑差异化的"流动的空间"与全球网络互联模式，同时也通过行业或企业之间的联系与聚集塑造出不同的城市空间。

本节将结合瑞士典型的生命科学产业、衍生企业和高端制造业（钟表业）的三个实地考察案例，进一步展示经济与城市空间的关系，以及以企业为主导的经济全球化现象。

一、生命科学产业集群对城市空间的影响：巴塞尔案例

区域竞争力取决于产业集群（苗长虹 等，2002），产业集群的产生依赖于相似企业的聚集。这些企业的集聚可以在共享劳动力、供应商和专业知识中受益。同时，相同的区位，相似的知识、规范和价值，相似的组织边界或相似的社会联系都有助于异质性的主体成为合作伙伴或者进行集体学习（贺灿飞，2018）。这种产业集群或者企业的聚集，不但促进了区域经济的发展，对城市的形态也具有一定的影响。

在瑞士巴塞尔，我们重点考察了当地的化工和医药等生命科学产业集群（图3-1）对城市空间格局的影响。

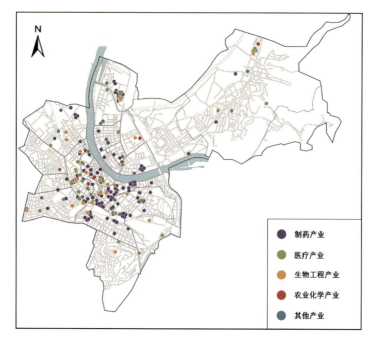

图 3-1 巴塞尔的生命科学产业集群

（资料来源：Vogel，2017，编者翻译）

瑞士的医药产业在当今的发展，有着很强的路径依赖（path dependency，即延续经济发展的现状或改良历史上的经济模式，而非完全改变以往的经济形式）特征。早在19世纪，纺织业便成为瑞士的重要工业之一。当时正值第一次工业革命的热潮，机器在纺织业的生产过程中代替了手工劳动。机器的出现，极大地提高了纺织生产的品质和生产效率，瑞士的纺织业得以快速发展。1865年是瑞士工业发展的一个转折点：德国的几家企业发明并生产了人造染料，间接地推动了聚合物、医药产品在欧洲的多元化发展。进入20世纪，这些产品进行了大范围的生产，成为瑞士经济发展的主要支柱。巴塞尔在此期间通过对药品生产和研究，在制药行业占领了主导地位，最终使巴塞尔成为欧洲大陆主要的制药中心。

目前，在瑞士，医药化工是仅次于机电金属业的第二大支柱产业，占GDP比重约为5%，并在全球医药化工领域居领先地位。这些医药化工企业生产的产品有3万余种，主要产品大类包括医药和诊断技术、精细化工产品、维生素、香料香精、植保产品、兽药、工业用特种化工产品、染料和涂料等，其中特种化工产品所占比重超过90%，是瑞士工业的命脉和出口盈利的主要来源。2013年，该行业出口额为832亿瑞郎，占当年瑞士出口总额的41.3%。[①]

巴塞尔城市沿莱茵河分为上巴塞尔区（地势较高的莱茵河西岸）和下巴塞尔区（地势较低的莱茵河东岸）。上巴塞尔地区为中产阶级和高收入人群聚居的区域（详见本章第三节），下巴塞尔地区为工人阶层和低收入人群聚居的区域（详见本章第三节）。巴塞尔的生命科学集群主要分布于上巴塞尔地区（如图3-1所示，图中左下部为上巴塞尔地区）。这种产业集聚的形式给城市空间带来了双面影响。一方面，由于西风的影响，制药工业的污染使得下巴塞尔地区的大气环境恶化；另一方面，科学产业在莱茵河沿岸的集聚又为下巴塞尔地区提供了经济复苏的动力。

在巴塞尔实地实习的当天，我们重点参观了罗氏塔以及罗氏制药集团附近的医药化工企业员工社区（图3-2、图3-3）。罗氏塔是瑞士著名的跨国医药研发生产商罗氏制药集团（F. Hoffmann-La Roche AG，Roche）的总部大楼，伫立于下巴塞尔地区，高205米，是瑞士最高的地标性建筑。虽然摩天大楼在瑞士并不受人们欢迎，但是以罗氏制药为代表的生命科学产业集群吸引到的高级知识分子和高端移民，为下巴塞尔经济衰败的地区提供了新的生机。大楼附近一处废弃的儿童医院经政府改造成面向附近企业高收入职员的公寓，而一处荒废的啤酒厂也在功能置换后成为一栋包含酒店、餐厅、娱乐设施的多功能建筑，从而为创意阶层提供他们所需要的服务。高新技术产业的正外部性（即一个经济主体的经济活动导致其他经济主体获得额外的经济利益）在这一区域得到了较好的体现。

但在上巴塞尔地区毗邻诺华公司（Novatis，瑞士重要的制药及生物技术跨国公司）工厂的区域，城市的进一步发展则受到了巨大的挑战。由于诺华工厂的搬迁，上巴塞尔地区的一大片工业用地即将被空置（图3-4）。在这片土地上到底能进行怎样的重新利用成为规划师们所要面对的难题。曾经的

[①] http://www.lifesciencesbasel.com/en/Location，访问日期：2020年4月30日。

制药工业带来的大气污染和水污染问题使这片区域有着较高的相关疾病发生率，因此，若在此修建居民区和商业区，必然会对居民和工作人员的身体健康造成巨大的损伤。由此可见，过去的工业污染问题给城市的经济和环境可持续发展带来了新的挑战。

图3-2 罗氏塔（编者自摄）

图3-3 由儿童医院改造的制药企业研发人员（高收入人群）公寓（编者自摄）

图3-4 "百废待兴"的原工业用地（编者自摄）

二、衍生企业及其塑造的区域和全球创新网络：Abacus案例

在全球经济增长动力由"要素驱动"向"创新驱动"转变的背景下（周灿 等，2019），与创新驱动息息相关的衍生企业（spin-offs）对创新网络的塑造受到了经济地理学界的关注。衍生企业指由母公司或者大学研究所衍生而成的新公司，包括母公司员工的创业、大学研究所毕业生的创业等多种形式，是区域企业之间在技术创新活动方面形成非正式联系的重要来源。对于衍生企业来说，其核心为衍生企业与母企业之间的技术和社会联系以及基于这种联系的区域、国家甚至全球各个尺度的空间扩散（刘炜、李郇，2012）。

在瑞士圣加伦的实地考察线路中，我们安排参观了一个典型的衍生企业——Abacus Research AG（Abacus）。Abacus是位于瑞士圣加伦的一家软件开发公司，由圣加伦大学的3名毕业生于1985年创立。如今，Abacus拥有超过300名员工、10万个软件模块和超过4.2万个客户，是中小型企业中规模最大、最成功的瑞士独立商业软件供应商。Abacus公司总部（图3-5）位于圣加伦，其他分支机构分别位于比尔、塔尔维尔、慕尼黑和汉堡。Abacus提供产品设计服务，与合作伙伴共同为不同用户定制不同的解决方案，是市场的领头者。Abacus在瑞士乃至全球都有着很多的专业合作伙伴，如销售合作伙伴、培训合作伙伴、技术合作伙伴等，这些合作公司遍布瑞士各大城市。

Abacus公司对创新的高需求决定了软件开发人员相互沟通的重要性。Abacus公司内部通过多样化的空间来增加不同人群沟通交往的机会（图3-6），除了办公空间、餐饮空间以外，还设置了娱乐休闲、健身、观影等空间，以满足员工多样化的活动需求。完善的设施与开放管理为高新技术企业人才提供了舒适轻松的办公氛围。办公空间与公共活动空间之间的流通性与开放性不仅促进了软件开发人员间的沟通与交往，有助于员工之间新想法的交流，还能促进软件开发人员与客户间的交流，方便软件开发人员更好地了解客户的需求。

图3-5 Abacus 总部外观（编者自摄）

图3-6 Abacus总部员工活动区（编者自摄）

虽然Abacus总部较为偏僻，周围交通并非特别便利，加之高新技术企业人才竞争激烈，但依旧有很多瑞士本地和其他国家（主要为德国和美国）的年轻人愿意在Abacus工作。主要原因有三个方面：①圣加仑大学为该高新技术公司输送了大量的专业技术人才；②公司福利较好，管理较为扁平化，员工能够拥有相对自由和愉快的工作环境；③公司业务广泛，主要为各个类型的中小企业提供专业的商业软件服务，该公司除了专门的软件开发人员以外，还招聘大量各行各业的专业人才，以促进客户和软件开发人员之间的沟通。由于其较为成功的经营模式，该公司的合作范围逐渐扩张，其技术和销售伙伴遍布世界。由此可见，本土的小公司要成长为全球化的企业，离不开本土人才的支持。同时，高新技术产业的国际化合作也是该行业最为重要的趋势之一。Abacus的这一跨国现象，体现了高新技术产业与高等教育、人才和地区/全球相关产业的紧密联系。综上所述，全球化可以在本土甚至更加微观的企业尺度体现出来，而本土的企业发展也越来越离不开全球化的力量。

三、高端制造业所带来的全球—本土联系：万国手表案例

瑞士的高端制造业享誉全球。在本章第三节的介绍中，我们不难发现——"瑞士制造"往往与钟表、化工、医疗器械、精密仪器和高档食品等高端制造业紧密相关。这里将以考察路线中的万国手表厂（International Watch Company，IWC，图3-7）为例，阐述瑞士高端制造业所创造的全球网络。

图3-7 万国手表厂大楼（编者自摄）

免遭战乱的中立国，曾是瑞士发展的重要背景。1685年，法国路易十四废除《南特赦令》。法国的胡格诺教派教徒为了逃避宗教迫害，他们中有很多人来到日内瓦避难，其中包括技术娴熟的钟表制造者，并由此将钟表制作技艺传入瑞士。这使瑞士的钟表业在短期内有了跳跃式发展（龚慧娴，2017）。万国手表是瑞士著名的钟表品牌之一，也是瑞士德语区（东部地区）唯一的高奢钟表品牌。IWC创立于1868年，制表已有150多年的历史。

其创办人为美国波士顿工程师佛罗伦丁·阿里奥斯托·琼斯（Florentine A. Jones）。他在莱茵河畔的厂房中创办了瑞士最早期的机械制表工厂，且实现了他的新颖构想：以机械取代部分人工，制造出更精确的零件，而后由一流的钟表师装配成品质超凡的钟表。

从创立开始，IWC就与跨国贸易产生了密不可分的联系。最初，Jones在瑞士创建IWC是为了在人工费用较为廉价的瑞士为美国的军事活动提供更加精准的怀表。在"二战"期间，IWC所发明的防磁手表为英国和德国空军提供了完美的服务，而后也为西方各国的海军提供防水手表服务，因此牢牢占据了世界钟表市场，成为精准和高端机械手表的代名词。同时，由于瑞士本地学徒教育的盛行，制表工艺得以传承。

根据IWC的工作人员的介绍，高品质的机械表从零部件的打磨到最终的组装都是手工完成的，一块机械表的生产可能会耗费数年之久。因此，其价格高昂。正因为IWC的高知名度和国际销售的传统，现在，万国手表已成为国际新贵们追求的高品质手表品牌。虽然IWC销售量仅占全球钟表产业销售量的10%，但其生产出的价值量却占全世界钟表产业的60%。全球化销售的网络为IWC带来了惊人的销售业绩，在全球市场需求的刺激和世界各地代理商的努力之下，在2015年到2018年的三年间，IWC的销售业绩增长达到500%。其中，亚太市场的增长最快，这使得IWC铆足全力拓展亚太市场。与此同时，IWC的生产网络也开始向全球扩张：在国际生产分工合作进一步加强的背景下，尽管IWC号称完全的"瑞士制造"，但也有个别零部件和表带由欧洲其他国家或者美国的供应商所提供和代为生产。

IWC的案例很好地体现了全球化时代的商品网络。在全球化时代，物质要素的快速流通使得全球与本土紧密结合起来，商品的生产和销售都无法逃离全球—本土纽带。IWC的"瑞士制造"不仅仅展现了瑞士本土传统的制表技艺，还体现出全球化背景下市场需求对企业发展所起到的刺激作用、国际生产分工给企业生产带来的改变，是当今全球生产—消费网络的完美诠释。

四、小　结

- 行业或者产业集群在很大程度上受益于它们在一个区域中的紧密经济和生产联系，这种联系使它们在全球化的世界经济中具有更大的竞争力。同时，这种联系也深刻地改变着其所在城市或者区域的空间格局。
- "大学/知识—产业/企业"之间的联系，促进了货币化和商品化知识的生产，从而推动了城市和区域创新的进程，进而促进区域之间的联系和区域经济的发展。这一发展模式强调了创新和知识对资本的驱动作用。
- 经济活动的全球化改变和整合了生产空间，与此同时，生产空间本身的特性也影响了经济活动的全球化。
- 全球化可以在本土甚至更加微观的企业尺度中体现，而本土的企业发展也越来越离不开全球化的力量。
- 瑞士的高端制造业和科技创新产业之所以能够发展壮大，离不开瑞士教育为社会输送的大量人才。一方面，瑞士的高等教育与高新技术产业的联系极其密切，推动着产业的创新和发展；另一方面，瑞士的学徒式教育有着灵活的教学模式、多元化的学习场所以及务实的学习内容，不仅为瑞士培养了大批高质量的技术工人，而且提升了瑞士的职业教育参与度，缓解了就业压力。

第二节　工业化、后工业化与城市景观

工业化（industrialization）与城市化（urbanization）是城市发展的两股重要力量。工业化始于18世纪中期的欧洲工业革命，其使工业成为国家或区域经济发展的主体，并促使各个地方之间分工与联系加强（顾朝林，2012）。工业革命最初于英格兰中部开始，然后向东扩散至欧洲，向西扩散至北美。从这些地方，工业发展又进一步向世界的其他地方扩散。进入工业化之后，工业活动逐渐在国家或区域经济增长中发挥越来越重要的作用。城

市化则是指人口向城市聚集、城市规模扩大，以及由此引起一系列经济社会变化的过程。

工业化与城市化的过程互相纠缠，在欧洲创造了大批工业城市，深刻地影响了欧洲城市的地理空间格局，并塑造了欧洲城市的工业景观。欧洲不但是工业化和城市化最早开始的地方，也是全世界工业化和城市化发展程度最高的地方。20世纪初期，工业化和城市化进程在西方世界（主要为欧洲、美国、加拿大、澳大利亚和新西兰）迅速发展。到21世纪初该进程已趋于停滞，并逐渐开始向逆城市化（counter-urbanization）和去工业化（deindustrialization）发展（Cloke et al.，2014），从而进入后工业化（post-industrialization）时代。

工业化有两层核心意义（Gregory et al.，2011）：第一，工业活动在一个地区或民主国家经济中起主导作用的过程，包括内销导向（政府鼓励发展本地制造业，为国内市场生产消费品）和出口导向（发展工业生产以占据海外市场）两种形式；第二，从工业和制造业生产向服务业转向的过程。由于工业的转移和衰退，西方后工业城市土地利用的特征从工业城市的同心圆模型转化为以下五种主要模式（Gregory et al.，2011）：一是城市天际线由写字楼、公共机构、艺术和体育综合体，以及餐饮和休闲服务业的固定资产占据；二是在公共和私人资本以及利益的影响下，市中心附近的旧工业用地和商业用地的"棕地"①修复工程往往让位于滨水区的公寓和公共休闲空间的重建；三是随着住房市场对城市中心高级服务业劳动力市场做出反应，一些城市内部的居民区经历了再投资和绅士化的过程；四是城市新移民和相对贫穷的工人阶级逐渐向郊区迁移，这些毗邻机场和公路的城乡结合部逐渐成为新的制造和批发中心；五是郊区的生活方式和郊区居民的社会地位朝着多样化的方向发展，随着卫星城镇（或者大都市区域周边的边缘城市）的出现，郊区开始出现城市化的现象。

---

① "棕地"（brownfield land）指可以重复利用的曾被弃置的工业或商业用地。因为这类土地在过往的土地利用中被有害垃圾或其他废物污染，所以土地的重新利用存在一定的困难。

同时，后工业化城市的发展并不是只有光明和美好的一面，一些西方城市去工业化之后，面临的却是城市衰退（urban decline）和严重的失业。城市衰退是老工业城市在后工业时代和去工业化进程中产生的一种负面的城市景观，这一现象也反映出西方城市的社会变化（Cloke et al., 2014）。例如，美国城市中很多中产阶级居民都逐渐从环境变差的旧工业区转移到郊区的门禁社区，而城市中低廉的住房则遗留给少数族裔移民和收入较低的居民，进而使得旧工业城市进一步衰退。也就是说，这种城市衰退往往伴随着中产阶级的郊区化。然而在欧洲，这种城市的衰退所伴随的往往不是郊区绅士化和内城的贫困与失业，而更多的是老工业区土地的闲置和土地再利用的困境。由此可见，对于西方城市来说，郊区的崛起和绅士化与内城的衰退并存，对曾经的工业城市在后工业化时代的发展提出了新的挑战。

本节将基于上莱茵河谷地区的米卢斯城市衰败案例和瑞士苏黎世西区城市更新改造案例，展示后工业化时期西方城市典型的发展方式，以及在这种发展方式下所形成的独特城市景观。

一、后工业化时期的城市衰退：米卢斯案例[①]

米卢斯是历史上典型的工业重镇：大米卢斯区约有23万人口，其中米卢斯的市中心区聚居了11.3万人口，却拥有超过6000家企业，是法国最重要的工业制造中心之一。米卢斯的工业发展起源于棉纺织工业。1746年，米卢斯就在当地建立起了第一家纺织印花厂。到18世纪末，当地纺织厂已超过15家。它们在法国采购羊毛，从美国路易斯安那州进口棉花进行纺织，凭借其低廉的价格、创新的染色工艺和棉织品四季皆宜的材质，在与东方丝织品的竞争中取得优势。到了19世纪末，在巴黎等欧洲地区的街头随处可见米卢斯生产的服装。现在由于产业转移，棉纺织工业在当地逐渐淡化，已由其他行业取代，但它给当地的化工生产、机器制造等其他产业带来的深远影响依旧不可小觑。

---

① 相关历史资料来源于https://www.britannica.com/place/Mulhouse，访问日期：2020年4月30日。

在1798年加入法兰西共和国后，米卢斯迎来了一波崭新的经济发展时期。从1792年到1850年，其城市人口由6000人增长至60000人。城市进一步扩张，在外围出现了新的城区。连接莱茵河与罗讷河的人工运河、连接斯特拉斯堡—里昂—巴塞尔—巴黎的铁路干线等一大批交通工程的建设，使得军备制造、铁路车辆等工业在纺织工业的基础上迅速发展起来，原先涉及纺织品染色印花技术的化工企业利用城市附近的丰富矿产资源，谋求多元化的发展道路。碳酸钾是重要的农业化肥，当地著名的碳酸钾开采业也向米卢斯北部郊区维腾海姆（Wittenheim）周围大规模拓展。这一时期的米卢斯是法国最繁荣的工业城镇之一，被称为"百烟囱之城"和"法国曼彻斯特"。此外，适宜的政治氛围与较为优厚的工人待遇也是米卢斯工业得以迅速发展的重要原因。米卢斯于1523年开始支持宗教改革，大量瑞士、德国地区的新教徒被当地环境和工业发展吸引而来。新教徒们相信人类负有改造社会的责任，应努力工作以获取财富，同时，他们也敢于进行重大的技术和社会创新，为当地的工业发展做出了突出贡献。在工业化时期，米卢斯的制造商为了改善工人们的居住环境，委托实施了一项工人住宅开发计划，使其成为欧洲花园城市的典范（图3-8）。1852年，法国建筑师埃米尔·穆勒（Émile

图3-8　工人花园社区（编者自摄）

Muller）建造了两座工人住宅的原型，之后，米卢斯建成了1000多所工人住宅，每栋住宅都有自己的入口和花园，成为工人住宅的高标。

1871年，普法战争爆发，德国与法国签订《法兰克福条约》，重新划定了德法边界，从前由法国控制的阿尔萨斯地区成为德国的领土。在这之前，米卢斯工业企业的客户主要来自法国；被德国占领后，德国限制了米卢斯与法国的联系，导致这里的工业企业流失了大量来自法国的订单。一些保留法国国籍的工业从业者选择向阿尔萨斯以外的地方移民，带走了技术与资金，为法国其他地区的工业发展做出贡献。法国政府从而开启了一个重新选址项目，把米卢斯地区的工业产业向不远处的法国其他地区转移。这就是米卢斯工业衰落的开始。

20世纪50年代，欧洲的纺织业开始衰败，许多纺织企业开始寻求产业转型和产业转移。作为米卢斯地区重要的工业之一，这里的纺织业并没有意识到转变的重要性，仍然按照固有的模式发展，从而加速了这个地区工业的衰败。工业移民们纷纷失业，开始到法国其他地区和瑞士寻找工作。如今，在米卢斯，只有少数的工业企业仍在继续运转。曾经的工业企业现在大多数变成了工业遗迹，它们中的一部分保留了原有的样貌，成为博物馆，见证着这个地区辉煌的工业历史，如米卢斯纺织印刷博物馆；有些被改造成为功能多样的公共场所；有的仍然被荒废，等待着被赋予新的用途。

随着城市的进一步发展，米卢斯原有的产业与功能不再适应现代化城市的发展，因此，米卢斯当地城市管理委员会对部分地区进行了必要的改建活动。在实习考察中，可以重点参观位于米卢斯市中心的工业区遗址。这些遗址一部分已经被改造成Loft公寓、咖啡厅、学校等新的商业或公共空间，另一部分则仍然在等待复兴。例如，曾经的米卢斯铸造厂（Fonderie Mulhouse）已经被改造成教学楼（图3-9）。它位于米卢斯火车站以西，是米卢斯市区2区的一部分。这个铸造厂是由机械工程企业André Koechlin & Cie的创立者、米卢斯实业家André Koechlin发起建设的，在工业衰退以前是一个重要的机械工厂。其创办与纺织工业的发展密不可分。19世纪，为了增加纺织品的产量，米卢斯的生产商们开始通过机器来进行大规模生产，而米卢斯铸造厂正是在这个背景下创办的。该机械工厂后来还曾生产蒸汽火车的蒸汽引擎，可见其在当时的器械制造业中的重要地位。伴随着米卢斯的工业衰退，这座工厂也丧失了过去的光彩，长久处于被闲置的状态。在当地政府耗资3800万欧元翻新以后，这座工厂在2007年正式成为阿尔萨斯省大学新的校园建筑。阿尔萨斯省大学是一所成立于1975年的年轻大学，它的前身是米卢斯化学学院和纺织学院，这两个学院都与米卢斯过去的工业发展相关。如今，这栋楼是阿尔萨斯省大学的经济学系、社会科学和法学系的所在地，同时还设有图书馆和食堂。

图3-9　由旧厂房改造而成的阿尔萨斯省（Haute-Alsace）大学建筑（编者自摄）

然而，不少厂房却依旧被荒废（图3-10）。由于现在大部分工厂已停工，它们不再具有功能性的用途。但作为旧时工厂的遗迹，这些厂房仍然具有一定的文化历史价值。如今，各处旧厂房内都有大片涂鸦墙——一些本地艺术家和创编者在这里发现无人看管的空旷场地，于是将其作为自己的艺术创作之处，留下了大片涂鸦。这样的艺术创作在一定程度上给予了该地新的生机，但仅流于表面，并未真正实现旧厂复兴。同时，由于政府希望保持这片区域稳定的社会秩序，想将其打造成地价比较高的地块，而不想其成为低端创意阶层的集聚地,故在地块周围都设有栅栏维护。因此,自由的艺术创作在这块区域慢慢消失。我们在2018年对该地进行考察时,当地专家介绍曾经有一位本地教授认为这片旧厂房遗址拥有发展的前景,希望将这栋建筑设计改造为一个艺术空间,用来发展创意产业。但由于其创办的私人协会资金有限,该设想因缺少资金而未能实现。随后,该项目由政府接手,但最终也因资金问题无疾而终。如今,其仍处于被荒废闲置的状态。除此之外,政府还曾经想利用这些衰败区域举办国际建造展示节,以吸引一些艺术家、规划家来此处进行个人作品及设计概念的展示,但依然以失败告终。

图3-10 未能更新的米卢斯工业遗址(编者自摄)

近年来,当地政府又想出了一条复活本地工业遗产的新出路:由于这些工厂见证着米卢斯辉煌的过去,米卢斯当局打算将这里保留下来,并且与邻近的工人花园社区一起申报世界文化遗产,以此纪念工业在这座城市的发展中不可被遗忘的重要作用。但此举能否成功,有待实践检验。

纵观米卢斯的城市发展历程,工业作为重要因素贯串其中。米卢斯的旧工业区通过独特的建筑语言与景观构成和记载了城市工业文明的辉煌,因此,对其进行科学的改造与活化,使其既满足时代的发展要求,又保留城市的历史文明,具有极其重要的经济意义与文化意义。

二、后工业化时期的城市改造与更新：苏黎世西区案例

城市更新（urban renewal），是指一系列旨在解决与城市内部破败街区有关的社会和经济问题以及重塑城市景观的战略。这些战略往往得到国家和商业利益集团的推动，使大规模的城市景观发生改变。在后工业时期，这一概念有时与创新和创意联系在一起。创意化的城市景观再造往往将文化视作城市的资源，改造破败的工业城市，并促进人们对城市更具有感官化的认知（兰德利，2000）。苏黎世西区（Zurich West）便是一个后工业化时期成功的城市更新案例——该地区在创意化的城市景观再造后，从废弃工业区转变为一个新的活力城区。

从苏黎世班霍夫火车站出发，沿着铁轨向西延伸大约500米，这片区域就是苏黎世西区。苏黎世西区的工业发展始于18世纪末。随着19世纪50年代第一条连接苏黎世和巴登的铁路诞生，优越的交通区位加之逐步累积的工业基础使其成为瑞士纺织业和机械制造业的中心，由此也奠定了其金融产业的基础。随着重工业和污染工业的发展，苏黎世西区受到的污染日益严重。20世纪60年代，随着城市定位的改变，苏黎世西区的产业结构开始面临转型问题。在这个时期，该区域的工厂相继关闭，大量工业企业迁移至别处，该区工业开始衰落，留下了大量旧厂房与难以治理的"棕地"——旧工业留下的厂房、仓库和集装箱被荒废，成为城市中空洞而缺乏生机的存在。

最初，为了重振该区域的经济，苏黎世政府有意将苏黎世西区规划为新的商务区，修建各个公共部门的办公大楼和商业写字楼。然而，由于种种现实原因，该规划方案迟迟无法落实。在此期间，一些本地的小商贩和创意阶层抓住商机，率先在此利用旧厂房和空置的工业设施进行商业化改造，并取得了不错的效果。20世纪90年代，政府受到这些本地商贩与创意阶层的启发，找到了这片土地复苏的新方式——将旧厂房进行商业化，用以发展创意产业。在该设想的指导下，苏黎世政府与苏黎世大学形成合作，在苏黎世西区成立了一个专门的规划中心。该中心负责规划与管理该片区的后工业化改

造，推进旧工业设施的商业化改造与创意产业的引入。同时，为了兼顾人们对休憩和家庭活动的需要，该片区依然保留了大片的绿地。

如今的苏黎世西区内，有瑞士著名环保品牌Freitag的第一家旗舰店——一座用集装箱堆积而成的塔楼（图3-11）；也有由火车铁轨下拱形桥洞改造而成的一排小商铺（图3-12）——这条长达450米的市场街分布着50多家店铺，成为西区内的潮店汇集地，在这里可以找到苏黎世最独特的画廊、设

图3-11　Freitag旗舰店（编者自摄）

图3-12　拱形桥洞商铺（编者自摄）

图3-13　无害垃圾焚烧厂（编者自摄）

图3-14　Schiffbau特色餐厅与剧院（编者自摄）

计工作室及艺术家工作室；有通过焚烧不可回收垃圾来产生能量的垃圾处理厂——这座建筑顶部竖立着一个大烟囱，得益于完善的可持续设计，烟囱并不排出有害废气，而是排出层层过滤后的无污染水蒸气（图3-13）；还有由具有120多年历史的Schiffbau造船厂厂房改造而成的极具特色的餐厅与剧院（图3-14）——至今为止，这座建筑内还保存着曾经的船坞轨线。由此可见，设计与创意的力量在这片区域得到了充分的展示与体现。

　　总而言之，在政府的强力推动下，该区逐渐发展成创意产业的集聚地，成功实现了产业的转型升级，成为充满时代生活气息的新城市空间。这并不是一个简单的旧建筑的改造，而是一套系统的更新方案。该方案的成功实施使得曾经荒废的工业遗迹成为集艺术设计、创意文化与现代商业于一体的综合融合体，不仅获得了良好的经济效益，也产生了积极的社会效应，同时还避免了商业化对土地的二次污染，故该区堪称城市旧工业区更新改造的典范。苏黎世西区的发展也体现了苏黎世后工业化的城市发展道路——通过产业转型带来的经济发展动力完成对工业旧区功能的更新，并深刻思考了本地居民和外来人口的多方需求。如此一套系统的更新方案有效地实现了旧区的复兴。有鉴于此，在进行后工业改造时，我们不仅要思考如何使荒废的工业区焕发新的经济活力，更应该思考该区域如何为更多的人群提供多层次的服务。

三、小　结

- 大范围的去工业化现象有时伴随着旧工业用地的荒废和闲置，有时则伴随着城市的更新与改造。无论哪种方式的后工业城市发展，都是资本、政策与本地社区博弈的结果。如何处理后工业化时代的旧工业用地，使其既能够维持对城市工业遗产的最大利用，又能促进城市的进一步发展，依然是值得城市管理者思考的问题。

- 创意产业和创意阶层对旧工业区的再利用是对旧工业区活化的较佳方式。但是，如何在城市中对创意阶层进行管理，以及平衡创意阶层与其他市民之间的关系，则仍须城市政策的进一步关注。

第三节　社会空间分异与城市格局

社会空间分异（sociospatial differentiation）是城市地理学的重要议题之一，其反映的是城市社会要素在空间上的不均衡分布以及城市格局中的社会隔离现象（诺克斯、平奇，2005）。在西方社会中，这种社会空间分异主要体现在全球城市发展过程中的社会不公（基于性别、种族、民族、年龄、宗教信仰、阶层等社会身份差异的不公）之中。因此，西方城市一方面被设计为承载全球多元文化的地方，而另一方面却是使边缘群体（如少数族裔、跨国移民和难民、性少数群体、残疾人、儿童/老年人、妇女、宗教信仰人士、低收入阶层）在公共场合受到歧视的地方（Ahmed，2000；Jackson，2002；Valentine，2008；Hopkins，2014）。

由于受到主流群体的排斥以及出于自身边缘地位而无法获取更好的经济和社会资本，上述边缘群体（尤其是少数族裔、跨国移民和难民以及低收入群体）往往因为他们独特的民族习俗、语言和宗教信仰而在城市中与主流群体之间存在职业分割、社会边界和居住隔离。因此，城市中往往会形成一些贫民、少数族裔和其他边缘群体居住的"聚居区"（ghetto）。西方城市中的"聚居区"现象历史悠长，深刻地影响了当代城市的格局。英语中的ghetto一词（本书将其翻译为"聚居区"）指的是居住聚集的一种极端形式，该词最初产生于中世纪晚期的威尼斯。当时，威尼斯市政当局要求所有的犹太人居住在一个与主城隔离的岛上（这个岛的名称为ghetto，意为"炉渣"）——这个岛被高筑的城墙包围，仅有数个城门供人通行。城门每晚都会被封锁，以防止犹太人进入主城。因此，ghetto一词最初表示迫使犹太人在城市中与主流基督徒分开生活的做法。由此可见，在中世纪，这种社会排斥是主流文化所强加的。正是这种强加的社会排斥加剧了犹太少数群体的边缘化。同时，犹太区由于不断有新的居民加入，却无法自由地进行居住区扩建，因此成为火灾和疾病的频发区。在当代西方社会，ghetto一词已经不再特指针对犹太人的种族隔离，而主要包含两层含义：其一，一种文化、宗教或者族裔群体的大量人口在某一个单一地区聚集；其二，当这些聚居群体的人口数量占据某个地区人口的大多数时，该群体便被隔离了（Gregory et al.，2011：303）。这种隔离的方式可能是主动的，也可能是被动的。例如，美国的贫困社区往往由于去工业化而变得更加贫困。从事相对低级工作的少数族裔，在城市工业转移或者工业衰败之后，难以找到工资较高、对技能要求也相应较高的服务业工作。又因为工人阶级的身份，他们无法在较远的工厂工作（这些工人往往无法支付私人汽车的费用和长途通勤的公共交通费）。因此，由这些人形成了类似于贫民窟的聚居区。

在欧洲的大多数城市里，这种社会空间分异不但形成了大大小小的族裔和边缘群体聚居区，也加剧了空间的不平等性（spatial inequality）。空间的不平等性，是指由于人类活动造成的特定资源（自然、经济和社会资源）在空间中的不均匀分布（Gregory et al.，2011：380）。近年来，在西方金融和法律服务等高级生产者服务行业收入倍增（从事这些行业的员工的年收入往往高达数十万美元）的影响下，城市中的空间不平等现象急剧增加。这一趋势在伦敦、巴黎、苏黎世等欧洲典型全球城市中十分明显。一方面，全球的富裕阶层纷纷涌入这些声誉良好的投资地，导致当地市中心地租和房租大幅度上涨；另一方面，抢劫等犯罪也在市中心较为贫困的区域频发。也就是说，这些大都市的市中心不但是寸土寸金的黄金地段，也是低收入、低学历、聚集难民和少数族裔的"聚居区"据点（Cloke et al.，2014）。

本节将通过对瑞士伯尔尼的居民区分化、瑞士上巴塞尔地区和下巴塞尔地区之间的阶级划分、德国弗赖堡（上莱茵河谷区域）的城市更新和"城中部落"三个案例的分析，进一步展示西方城市中的社会空间分异现象。

一、伯尔尼的居民区分化

伯尔尼坐落在莱茵河支流阿勒河的一个天然弯曲处，湍急的河水从三面环绕伯尔尼老城而过，形成了一个半岛。这个半岛南北最窄处约300米，最宽处约500米，东西长约2000米。伯尔尼从东至西，海拔由520米升至542

米，有一定的坡度。

在中世纪，伯尔尼逐渐开始向西扩展，并在城市西面建筑城墙。伯尔尼进行过多次扩展，每一次都是沿着阿勒河大桥向西的中轴线发展，并留下该时期城市轴心西端的塔楼，标志着各个不同时期的城门的特征。受地形的影响，加上向西扩展的发展方向，伯尔尼逐渐形成了条状的线性布局模式。在伯尔尼，重要的教堂或市政建筑与开放空间位于城市边缘；居住建筑主要分布在半岛中部平坦处，呈条状紧密排布；花园与树林主要分布在三面的坡地上，与阿勒河相邻，成为城市的绿色"底座"（钟冠球、肖明慧，2008）。

伯尔尼地势落差大，仅在半岛中央处有着有限的平坦地，因此，伯尔尼的建筑大多位于中央平坦处，并尽可能将之占满。在有限的土地上，为满足不断增加的人口对房屋的需求，中世纪的伯尔尼建筑通过向上发展（建高层建筑）和延伸人行道上的骑楼来增加房屋面积。在伯尔尼老城区，还有一个比较突出的居住特点，即地势较低、靠近河岸处是社会阶层较低的人居住的地方，地势高的地方则由社会阶层较高的人居住（图3-15、图3-16）。之所以产生这种空间社会隔离现象，是因为伯尔尼地势低洼的河岸区域经常遭受洪涝灾害。社会精英们为了获得更好的生活环境，在进行城市建设的时候，将地势较高的地方划为上层社会的居住区。此外，由于早期的阶层分化，伯尔尼阳光照射更多的、面向河湾的一面往往也居住着较为富裕的阶层，他们享受着更为充足的阳光。据当地人讲，由于低阶层的人一直住在地势较低的地方，对遭受到的洪涝灾害习以为常，不能理解住在地势高的地方远离洪水灾害的好处，也不曾享受过长时间阳光照射住所的感觉，所以即使部分低阶层的人经济能力有所提高，也鲜有考虑换到地势高的、向阳的住房居住，而是继续住在地势低的临河处。因此，伯尔尼的居住区产生了较为明显的社会空间分异现象。

图3-15 地势低洼处的中、低阶层居住区（编者自摄）

图3-16 地势较高处的高阶层居住区（编者自摄）

二、上巴塞尔地区和下巴塞尔地区之间的阶级划分

莱茵河横穿巴塞尔，将整座城市分为上巴塞尔地区和下巴塞尔地区。巴塞尔这座城市有着大约两千年的历史，是一个被城墙环绕的城市。直到19世纪，巴塞尔的城墙由于阻碍了城市扩张和经济发展才被拆除。在原有的城墙内部，是巴塞尔的老城区，也是"上巴塞尔地区"的核心。由于发展历史较为悠久，上巴塞尔地区具有较高的经济活力，因而集聚了大量的居民与资本，并较早地开始进行城市建设和发展。在上巴塞尔地区中世纪古城中，随处可见装饰精美的喷泉。这些喷泉由非营利性的组织和协会建造，以供市民免费享用，是城市供水系统的重要组成部分。上巴塞尔地区地势较高，主要是上层阶级和富有的中产阶级的居住地，有着较为丰富和完善的公共服务文化设施、整洁舒适优美的景观环境（图3-17），同时也有着巴塞尔地区最昂贵的住宅价格与最高的消费水平。

图3-17 环境优美、景观宜人的上巴塞尔地区（编者自摄）

与上巴塞尔地区隔莱茵河相望的下巴塞尔地区地势较低，主要是中、下层阶级居民（包括收入较低的学生、工人阶层和少数族裔）聚居的地方。该地区物价水平和房价亦较高，但是基础配套设施建设却并不完善，而且缺乏绿化（图3-18）。造成这种社会空间分化的原因是多样的，包括自然资源的分配（下巴塞尔地区更加容易爆发洪涝灾害）、历史发展（上巴塞尔地区是历史上的巴塞尔地区，下巴塞尔地区是由于城市扩张而产生的区域）等。在瑞士，很多富有的人会选择捐赠自己的财产成立基金会或慈善会，为公共服务设施建设做贡献。这种私人慈善基金的管理者大多是中、上层阶级。而在巴塞尔，由于历史发展原因，上层阶级基本上都生活在上巴塞尔地区，因此也更加关注上巴塞尔地区的投资，这种私人投资加剧了上、下巴塞尔地区发展的不平衡。

图3-18 空旷而缺乏绿化环境的下巴塞尔中心城区（编者自摄）

在近现代发展的200多年间，在上层阶级的带领下，上巴塞尔地区的整体发展水平上升，物价和房价也随之上涨。但在阶级分化作用下，下巴塞尔地区仍集聚了较多中、下层居民，缺少带动城市建设的慈善基金会，导致其基础设施建设并不完善。此外，加上政府对城市公共规划的发展较迟——直至20世纪90年代，巴塞尔才终于成立了一个管理整个巴塞尔城区的公共规划部门——使得下巴塞尔地区的城市规划较为混乱，不符合实际需求。下巴塞尔地区的中心广场被银行及交通轨道占据，绿地、长椅等休憩场所不足，且周边消费场所与服务设施较为高档，不适用于在该地区生活的大多数人群——低收入者与有色人种，难以满足日常居民的生活需求。因此，下巴塞尔地区也出现内城衰败的现象，不利于城市发展。

巴塞尔地区这种城市阶级划分的格局从中世纪一直延续到现当代。直至在城市扩张和社会公平等潮流的驱动下，下巴塞尔地区才逐渐开始发展和进行绅士化，并开始拥有了一些高档住宅区和城市更新项目。尽管如此，上巴塞尔地区和下巴塞尔地区的发展差距仍然明显。

三、弗赖堡的城市更新和"城中部落"①

城市更新不可能总是一帆风顺的。有时候，城市更新所伴随的是中心城区居民的质疑或反对，并导致大量无法支付更新后的租金和物价的居民流离失所，从而造成新的城市社会问题（Gregory et al.，2011：790）。为了实现可持续发展，弗赖堡市政府采用了城市更新和建立生态社区两种方式进行摸索。在可持续城市化的过程中，也产生了一些与城市发展格格不入的边缘群体及其聚居的"城中部落"。

弗赖堡市中心的老城区在工业时代曾是工人聚居的区域，建立起成片供工人及其家庭居住的居住区。但伴随着弗赖堡的后工业化发展，工厂逐渐搬迁。同时，这些陈旧的工人社区的生活环境条件已不再能够满足居民的日常需求。加上居住环境较差、基础公共服务设施不完善等问题，越来越多的居民选择离开原本的居住区，城区中也因此集聚了较多的贫困人群和少数族群，导致弗赖堡市中心出现了旧城衰退的现象。为了使位于市中心的该地区更具有吸引力和活力，弗赖堡政府在21世纪初通过与当地居民签订协议的方式，让居民们搬离，以实施城市更新计划，推进该地区的绅士化进程。

但是，由于与一部分居民无法达成相互满意的协议，在该地区仍有一部

---

① 由于这些"城中部落"的居民多为选择放弃当代生活的嬉皮士或者少数族群，出于安全考虑，编者并未对其聚居区内部进行拍照。

分居民选择另类的生活方式——他们依旧居住在旧厂房里，用趋近前现代的生活方式持续着自己的低欲望生活。同时，不同的居民也因其不同的需求时常发生矛盾与冲突。如当地有许多人（尤其是收入较低的学生）曾对政府要建设弗赖堡会议中心大楼的提议提出了抗议和反对。因为这些年轻人担心这座豪华的商业大楼会带来不可逆转的绅士化，使其无法负担市中心的生活成本。虽然有冲突，但是政府最终还是决定建造这座大楼，把它建成了会议中心、演艺中心和酒店。事实证明，大楼的建成为城市发展带来了活力；但不能否定的是，它也曾带来社会冲突。

除了对衰败的旧城区进行城市更新外，弗赖堡政府也通过建立生态社区来进行可持续发展。在弗赖堡南郊距离市中心3千米的地方，政府通过规划建立了绿色生态可持续发展的沃邦生态社区。在政府和沃邦生态社区协会的管理和协调下，沃邦生态社区通过提供丰富多样的住房、完善基础设施、增加社区绿化等手段逐步将废弃的旧军营设计成为居住环境优越的生活区（详见本章第四节）。经过多年的建设，沃邦生态社区成为弗赖堡生态城市建设的典范，也为大量的市民提供了相对平等的工作机会（该社区中的公共服务部门的一部分工作岗位由残障人士担任）。但是，公共交通发展较晚所导致的交通不便、工作岗位不足以及社区基础服务设施不完善等，使得沃邦生态社区吸引力相对较小。同时，政府曾希望将这里打造成一个多元化的地区，但实际上居住在这里的人没有实现真正的融合。居住在这里的多为较为富裕的中产阶级，只有一片区域被特意划出来给选择另类生活的嬉皮士使用。在这片被社区公寓楼围起来的区域，嬉皮士自己建造住房并选择波希米亚式（不受传统和主流文化约束）的生活方式，与周边居民形成了鲜明的对比。阶级差距过大、日常活动不同，导致双方甚少交流、互不干涉，活动范围亦出现了明显的区分，形成了居住区的隔离。

因此，如何在城市更新发展的过程中顾及不同社会群体的利益、缩小社会差距和社会不平等仍然是城市发展道路上不容忽视的重要问题之一。

四、小　结

- 欧洲城市有着明显的社会空间分异和空间不平等性。自然、经济和其他社会资源无法在所有的居住区内平均分配，从而导致城市格局的破碎化，以及城市景观的分异。
- 城市更新虽然可以解决城市的社会环境问题，但也可能造成新的空间不公平性和社会空间分异。
- 城市中边缘群体的聚集，往往形成了城市的"伤疤"。如何使这些边缘群体融入城市主流生活，仍然是一个值得思考的议题。

第四节　自然资源、环境与城市发展

人文地理学关注的环境问题是人与（建成、物质、自然）环境之间的关系。由于人文地理学不是一门只关心自然环境的科学，因此，运用人文地理学进行环境研究必须思考人地关系的人文定义（赵荣 等，2006；Cloke et al.，2014）。人地关系指人类活动与地理环境之间的关系，是人文地理学的核心议题。人文地理学的人地关系理论不但强调环境与人类活动之间的相互影响，而且更加注重资源、人口和环境的协调发展。

一方面，城市的发展受到自然资源和环境的影响。自然地理条件如地质、地貌、气候、水文、土壤、植被等作为人类生存环境，通过影响人口分布而影响着城市的形成和发展。因此，世界上大多数城市都分布在气温适中、拥有合适降水量、自然资源相对丰饶的地方。同时，自然资源（矿产资源、淡水资源、水热资源和动植物资源等）的丰富程度和组合情况，与基础设施的状况、区域劳动力的数量和质量、经济发展的历史传统、现状经济的发展水平和结构特征、未来开发潜力等因素共同影响着城市的进一步发展（许学强 等，2009）。

另一方面，城市的发展需要人类活动与自然资源和环境相协调。20世纪

80年代以后，强调人类社会与环境共生关系的可持续发展的理念成为全球共识。1987年，《布伦特兰报告》（即《我们共同的未来》）由联合国世界环境与发展委员会发布，首次提出可持续发展的概念（WCED，1987）：在不损害后代人满足其自身需要的能力的前提下满足当代人的需要的发展。这一概念强调经济增长、社会包容和环境保护三个因素的相互关联。

2015年，联合国提出了17个可持续发展的新目标[①]：

（1）无贫穷。在全世界消除一切贫穷。

（2）零饥饿。消除饥饿，实现粮食安全，改善营养状况和促进可持续农业。

（3）良好健康与福祉。确保健康的生活方式，促进各年龄段人群的福祉。

（4）优质教育。确保包容和公平的优质教育，让全民终身享有学习机会。

（5）性别平等。性别平等不仅是一项基本人权，而且是和平、繁荣和可持续世界的基石。

（6）清洁饮水和卫生设施。为所有人提供水和环境卫生，并对其进行可持续管理。

（7）经济适用的清洁能源。确保人人获得负担得起的、可靠和可持续的现代能源。

（8）体面工作和经济增长。促进持久、包容和可持续的经济增长，促进充分的生产性就业和人人获得体面工作。

（9）产业、创新和基础设施。

（10）减少国家内部和国家之间的不平等。

（11）可持续城市和社区。建设包容、安全、有抵御灾害能力和可持续的城市与人类社区。

（12）负责任的生产和消费。

---

① https://www.un.org/sustainabledevelopment/zh/sustainable-development-goals/，访问日期：2020年4月30日。

（13）共同抵抗气候变化。

（14）保护水下生物。

（15）可持续管理森林，防治荒漠化，制止和扭转土地退化，遏制生物多样性的丧失。

（16）和平、正义与强大的机构。让所有人都能诉诸司法，在世界各个地理尺度建立有效、负责和包容的社会行政机构。

（17）重振可持续发展全球伙伴关系。

这些目标是实现所有人更美好和更可持续未来的蓝图。它们相互关联，旨在不让任何一个人掉队。

在此背景下，城市和社区的可持续发展以及生态城市的建设业已成为人文地理学、城市规划及其相关学科共同关注的现实问题。生态城市的概念于1971年被联合国教科文组织在"人与生物圈计划"中提出。这一概念被认为是人类文明发展的主要空间节点与物质载体，是人类发展的理想与目标，也是现代人居、生产和环境相互协调的重大社会实践（蒋艳灵，2015）。2016年，第三届联合国住房和可持续城市发展大会通过了《新城市议程》，承诺建设"公正、安全、健康、方便、可负担、有抵御能力和可持续的"城市，并提出了4个重要的价值导向：重视生态本底、构建网络化结构、构造包容的社会和用政策进行治理（杨琰瑛 等，2018）。构建生态城市不但要求我们创建生态空间和场所，从而使我们的生活环境向更加生态化和绿色的方向发展，还要求人们在一定程度上设置规范性的道德标准，以保证生态城市发展的实施（Cloke et al., 2014）。生态城市通过空间规划、基础设施布局、城市管理和环境治理来提高资源利用效率，提升公共服务，改善人居环境，成为人类实现可持续发展的抓手（杨琰瑛 等，2018）。在欧洲的城市发展中，生态城市建设以及可持续生活的方式在20世纪90年代后便得到一定的发展，形成了一系列"绿色城镇"。为鼓励欧洲各城市承诺采取可持续发展的行动，并鼓励城市之间进行环境治理的交流，欧盟委员会自2010年起便开始评选"欧洲绿色之都"。迄今为止，共有12个城市被授予这一殊荣，它们分别是：瑞典斯德哥尔摩、德国汉堡、西班牙维克多、法国南特、丹麦哥本哈根、英国布里斯托、斯洛文尼亚卢布尔雅那、德国埃森、荷兰奈梅亨、挪威奥斯陆、葡萄牙里斯本和芬兰拉赫蒂。

本节将通过瑞士莱茵瀑布与沙夫豪森的发展，以及德国弗赖堡生态社区建设两个案例，进一步展示历史和当代城市发展与自然资源和环境之间的关系。

一、莱茵瀑布与沙夫豪森的发展：自然资源对城市聚落和经济发展的影响

沙夫豪森面积虽然不大，但在瑞士的地位非常重要。区位优势是沙夫豪森在中世纪便开始进行城市发展的一个重要条件。沙夫豪森处于经济大都会伦敦、巴黎、法兰克福、布鲁塞尔和罗马的交会中心位置，且与德国接壤，因此，能够很好地与当时欧洲的重要市场联系起来。除此之外，自然资源在其城市发展过程中也起到十分重要的作用。莱茵瀑布是沙夫豪森最为著名的自然资源。莱茵瀑布（图3-19）位于巴塞尔与博登湖之间，由阿尔卑斯山雪水倾泻而下形成，是欧洲流量最大的瀑布，宽约150米，落差达23米，水深13米，流量能够达到约800立方米/秒。

图 3-19　莱茵瀑布鸟瞰

（资料来源：瑞士国家旅游局，https://www.myswitzerland.com/zh-hant/experiences/the-rhine-falls/）

中世纪时期，沙夫豪森是一个商业小镇，聚居着来自欧洲各地的商人。由于莱茵河河道在沙夫豪森变得宽而浅，且莱茵瀑布的存在又增添了一道天

然屏障，使得运载货物的船只无法通行，只有在此卸载货物，缴纳关税后方得通行。而莱茵河作为欧洲的"黄金水道"，货运量巨大。这样一来，沙夫豪森自然成为一个重要的贸易枢纽和商业中心。

在工业化之前，沙夫豪森的经济发展主要依靠酿酒业、亚麻纺织业、航运和对外贸易。随着工业化进程的推进，莱茵瀑布作为重要的水资源和水动力，能够为沙夫豪森这一贸易中心的工业化发展提供动力，因此吸引了许多重工业和制造业落址于此。随着一系列重工业（如能源企业Georg Fischer Ltd.）、钟表制造业（如万国手表）和纺织业等大型企业的落户，莱茵瀑布所提供的水力资源的重要性更加凸显。例如，万国手表最初的机械制表工厂设址于此，利用水力进行现代化生产。19世纪，莱茵瀑布下游建立了水力发电厂，进一步促进了沙夫豪森地区的工业发展。

20世纪中叶之后，欧洲整体迈入后工业时代，莱茵瀑布周边的工业逐渐转向研发型产业而非高污染的传统工业。与此同时，瑞士政府也开始认识到保护自然资源的重要性，通过发布禁止在莱茵瀑布周围新建工厂和住宅区的禁令，对原有的工业进行替换或转型升级，以保护莱茵瀑布周围得天独厚的自然环境。此外，瑞士政府开始围绕莱茵瀑布进行旅游开发，在其周边建设观景台、观景餐厅等旅游配套设施，进而转型为以旅游业带动当地经济的发展。如今，莱茵瀑布作为瑞士最大的自然旅游景点之一，每年吸引约150万游客。当地政府正在开发制定新的推广策略，以帮助旅游景区吸引更多的游客、提升景区收入，进一步提高其国际知名度。

由此可见，早期的莱茵瀑布作为重要的水资源与水动力推动着沙夫豪森的工业发展；随着传统产业的升级与保护自然生态措施的实施，如今的莱茵瀑布更多是以旅游景点的形象为世人所知，通过增加旅游吸引力来为城市发展提供新动力。

二、弗赖堡生态社区建设：生态城市与可持续的生活方式

弗赖堡有两个典型的生态社区：沃邦生态社区和丽瑟菲尔德社区（其基本情况见表3-1）。这两个生态社区修建于20世纪90年代，均为弗赖堡市政府推行绿色生态可持续发展规划的产物。

表 3-1　沃邦生态社区与丽瑟菲尔德社区的基本情况

社区名称	区位	人口数量	面积	公共交通发展情况	公共服务设施	居民构成
沃邦生态社区	市中心以南约3千米	约5500人	40公顷	发展起步晚，交通条件一般，以自行车为主	基本完善	主要为中产阶级
丽瑟菲尔德社区	市中心以西约2.8千米	约10500人	70公顷	发展起步早，交通便利	完善	各个阶层混合居住

沃邦生态社区（图3-20）位于弗赖堡的南郊，占地面积约为40公顷，现居住人口约为5500人。该社区在政府和社区协会的协调与管理下，逐步由废弃的旧军营发展成居住环境优越的生态社区。具体而言，该社区有以下4个显著特征：①社区内保留有部分军营旧址与原有古树，同时增加了大量绿化，楼房之间拥有大片绿化带，使绿色成为沃邦生态社区的主旋律；②房屋大多为低碳节能的环保型自给住宅，屋顶设有能收集、储存和利用雨水的装置，同时放置太阳能板，利用太阳能供电，基本实现了家庭用电量与发电量的平衡；③社区内的生活垃圾经过分类与回收后，进行循环、可持续的垃圾处理，在很大程度上实现了资源的循环利用；④秉持着减少使用私家车的理念，社区内仅设有一处公用停车场，以此限制私人汽车的使用，鼓励居民使用自行车、电车等公共交通出行。政府的初衷是将沃邦生态社区打造成一个多元化的社区，但由于交通不便利、离工作地点远等原因，其吸引力并不高，居住于此的多为中产阶级环保主义者，并没有实现政府所期望的多元融合。

丽瑟菲尔德社区（图3-21）坐落于弗赖堡的西郊，由于其位于旧污水处

理厂的东部，社区经过了严格的地质勘测及去污处理后才开始进行住宅的开发与建设。丽瑟菲尔德社区占地70公顷，居民达1.05万人，约为沃邦生态社区的两倍，该社区的生活气氛较沃邦生态社区更加活跃。该社区的主要特征如下：①社区注重不同功能用地的混合布局，综合考虑了居住、工作与购物等功能；②与沃邦生态社区相似，通过对太阳能和雨水的综合利用，实现建筑的低能耗；③社区的建设充分考虑了不同人群的需求，六层住宅公寓既顾及了弱势群体的利益，又以商住相融，较好地避免了职住分离问题的出现；④社区中学、青少年活动中心等设施考虑了青少年的利益需求。总而言之，丽瑟菲尔德社区通过多样化的建筑形式和机构以及配套完善的社区服务，满足了不同类型住户的需求。

图3-20　沃邦生态社区（编者自摄）　　图3-21　丽瑟菲尔德社区（编者自摄）

如今，弗赖堡已经成为城市生态保护的典范，其在环保政策、太阳能技术、可持续发展和气候保护等方面都拥有一定的经验与优势。通过以上两个案例的对比可以发现，"生态社区"不仅要注重社区环境的保护和低碳生活方式的营造，还要切实考虑社区内基础设施的配置与居住者的需求，物质上的便利与精神上的满足相结合才能真正创造出令大家都满意的居住环境。

三、小　结

· 自然资源和环境要素对于城市最初的形成和发展具有重要的影响。莱茵河流域的小城镇正是依赖莱茵河所带来的富饶的自然资源、天然关卡和航道进行最初的经济发展和资本积累。

· 生态城市的建设是一个复杂的过程。在进行生态城市和社区建设的过程中，需要考虑复杂的社会、经济、交通、能源和环境等要素。任何一种生态城市社区建设的模式都有其利弊。如何协调可持续的生活方式和当代城市带来的便利，是生态城市和社区规划与建设过程中需要思考的重要问题。

第五节　自然、文化遗产与旅游地理学

旅游地理学是人文地理学的重要分支学科。在大众旅游业发展的背景下，源于美国的旅游地理学逐渐凸显其重要的理论和应用价值（Mitchell & Murphy, 1991）。旅游地理学探讨的是旅游地如何被塑造成一种产品（消费品），及其如何被旅游业所生产或者重新创造为新的形式；旅游地的基础设施及空间组织分布的情况；旅游活动对区域发展的影响及其对旅游地本地环境和居民生活的影响（保继刚、楚义芳，2012）。自然和文化遗产为旅游产业和旅游地的发展提供了良好的旅游资源（对旅游者具有吸引力的自然或者历史文化遗产以及直接用于旅游目的的人工创造物），也为探讨旅游地和旅游业的旅游地理提供了分析的对象（赵荣 等，2006）。

自然和文化遗产对旅游地与旅游业的发展起到了重要的作用，是进行旅游资源和旅游地评估的重要指标。自1972年有关保护世界文化与自然遗产的联合国大会召开以来，"地球上有些地方具有杰出的普世价值，应该构成人类共同遗产的一部分"这一观点成为各国的共识。同年，联合国教科文组织发布了《世界遗产公约》，以呼吁世界各国对世界遗产的保护。联合国教科文组织将世界遗产定义为"我们对过去的继承，我们在现世使用的东西，以及我们留给未来的遗产，也是我们不可替代的生活与灵感的来源"，并将其划分为三个类别：文化遗产、自然遗产和综合遗产（又名自然和文化遗产）。[①]截至2021年，190个国家签署《世界遗产公约》，团结成为一个共同的国际社区，确认

---

① https://whc.unesco.org/en/about/，访问日期：2020年4月30日。

并保护我们这个世界上最有价值的自然和文化遗产。这份公约的主要目的是给国际合作提供一个世界平台，以人权和共同价值观为基础，创建一套完整的文化治理体系。它力图保护和维护世界文化与自然遗产（包括久远的考古遗址、非物质遗产、水下遗产、博物馆藏品、口头传统，以及其他形式的遗产），旨在支持创造、创新，以及催生充满活力的文化产业。截至2019年，联合国教科文组织所编写的《世界遗产名录》共收录有157个成员国的962处遗址（745处文化遗址、188处自然遗址和29处综合遗址）。[①]

截至2019年，瑞士以及上莱茵河谷区域的世界遗产共有16项。其中，瑞士有世界遗产12项（文化遗产9项、自然遗产3项），上莱茵河谷的法国和德国地区共有世界遗产4项（均为文化遗产）。这些世界遗产的名录与入选时间如下[②]：

- 瑞士：伯尔尼古城（1983年入选）、圣加尔修道院（1983年入选）、米兹泰尔的木笃会圣约翰女修道院（1983年入选）、贝林佐纳三座要塞及防卫墙和集镇（2000年入选）、阿尔卑斯山少女峰—阿雷奇冰河—毕奇霍恩峰（2001年、2007年入选）、圣乔治山（2003年、2010年入选）、拉沃葡萄园梯田（2007年入选）、阿尔布拉-伯尔尼纳快车线路（2008年入选，与意大利共同申请）、萨多纳地质结构区（2008年入选）、拉绍德封和力洛克的钟表制作城规划（2009年入选）、阿尔卑斯地区史前湖岸木桩建筑（共111处水上民居遗址，其中56处位于瑞士，其他55处分别位于德国、奥地利、法国、意大利和斯洛文尼亚，2011年入选）、勒·柯布西耶的建筑作品（勒·柯布西耶的17处建筑作品入选，除瑞士有2处、法国有10处之外，其他5处分别位于阿根廷、比利时、德国、印度和日本，2016年入选）。
- 法国阿尔萨斯地区：斯特拉斯堡的大岛和新城（1988年、2017年入选）、塞勒斯塔特的人文主义图书馆（2018年入选）、沃邦防御工事（该地区的新布里萨克堡垒为12个防御工事之一，2008年入选）。

---

① https://zh.unesco.org/themes/world-heritage，访问日期：2020年4月30日。
② https://whc.unesco.org/zh/list/，访问日期：2020年4月30日。

· 德国南普法尔茨地区：莱茵中上游河谷（2002年入选）。

本节将分别对实习线路中的自然遗产和文化遗产进行介绍，并通过具体的案例展示两者与国际旅游业的关系，及其对旅游地的影响。虽然案例中的科尔马尔古城、因特拉肯和阿尔卑斯山洛特峰未被列入联合国教科文组织的《世界遗产名录》，但由于其悠久的历史和卓越的自然风光，它们依旧是当地重要的旅游资源。

一、自然遗产与旅游地开发：因特拉肯与洛特峰

阿尔卑斯山常年的冰雪、夏季的草原、冬天的天然滑雪场吸引着来自全球各地的游客。阿尔卑斯山具有多种山区小气候，由此也孕育出种类繁多的动植物资源和多样化的山地文化，被世人称为"大自然的宫殿"和"真正的地貌陈列馆"。政府制定的山区政策具有前瞻性，促进构建了"新的山区经济"，包括旅游产业（包括乡村旅游）、高品质的农业交通设施，还有一些高科技产业和特定的服务门类等的发展（陈宇琳，2007）。我们所考察的洛特峰（图3-22）位于瑞士因特拉肯的布里恩茨小镇的布里恩茨湖侧，是阿尔卑斯山的主要山峰之一（海拔2351米），是世界著名的旅游景点之一。到达洛特峰山

图3-22 俯瞰洛特峰（编者自摄）

脚，映入眼帘的便是冒着水蒸气的火车（图3-23）。作为瑞士唯一的蒸汽齿轨铁路，其独特的体验使大部分游客愿意支付较高的费用乘坐该火车登上山顶。布里恩茨—洛特铁路自1892年开始通行。为了能够顺利登上山峰，该铁路如同盘山公路一样环山而建，全程约7.6千米。虽然蒸汽火车现在已经被淘汰，但此处的铁路仍然延续着蒸汽机车的使用。究其原因，一是对历史传统的延续，二是为了创造独特的旅游吸引物以满足来自世界各地游客的需求。得天独厚的自然环境使洛

图3-23　洛特峰的蒸汽火车（编者自摄）

特峰的旅游业蓬勃发展。但是，在考察过程中，笔者发现洛特峰旅游业发展存在着不可忽略的问题和挑战。一方面，由于近年来全球气候变暖，阿尔卑斯山地区的积雪不断减少，降低了阿尔卑斯山的景观观赏性，也制约了冬季滑雪业的发展。另一方面，虽然洛特峰地区旅游业早已得到了蓬勃的发展，但本地居民却不愿意在此长期居住。由于大城市的经济水平更高、设施更完善，许多居民更愿意选择去往大城市生活，从而造成了山脚地区村镇人口的流失。旅游业的发展，似乎没有给在此处以畜牧业维生的居民带来太多的切实利益。

当地政府采取了一系列措施以应对这些旅游发展所面临的问题。对于积雪变少问题，政府采取了环境保护方面的措施，包括对二氧化碳排放征税、限制私家车规模并提倡公共交通、建立较为完善的废物回收系统等。然而，不可否认的是，全球性的环境问题无法通过这些措施得到完全解决。此外，为应对人口流失，政府采取了给予留住人口补贴的措施，希望能够保持这些地区的活力。

瑞士没有出现大规模的城市化浪潮，袖珍的小城镇网络是瑞士阿尔卑斯山的一大特点，这些小城镇在发展为山地旅游服务发展基地的同时也成

为重要的旅游吸引物。以我们所考察的因特拉肯（图3-24）为例。这个"袖珍城市"就是一个标准的因观光旅游发展而兴起的城镇，因少女峰而闻名。它是伯尔尼地区高地中心的一个市，夹在图恩湖（Lake Thun）与布里恩茨湖（Lake Brienz）之间，是通往阿尔卑斯山的大部分山峰的门户。因特拉肯的旅游业历史悠久，当地善于利用其区域优势谋求经济发展。现在，因特拉肯已经成为瑞士的主要旅游地，区域发展水平相对较高，吸引了来自世界各地的游客，游客的到来也对阿尔卑斯山周边城镇地区产生了影响。在旅游需求的推动下，因特拉肯在区域内的交通运输网络和世界范围内的信息商务网络逐渐形成，区域的开放程度和对外联系大幅度增加。在考察过程中，我们发现因特拉肯城镇体现出以下三个特征。第一，整个小镇围绕旅游服务建设，成为游客的集散地，城镇内有很多酒店旅馆、餐饮食店、纪念品商店和手表店等，为旅游者的吃、住、娱、购提供了方便。第二，相较于瑞士其他的城市，因特拉肯的国际游客更多。阿尔卑斯山的风光不仅吸引了欧洲的游客，也吸引了世界其他地区的游客。2015年，因特拉肯的国际游客占比超过80%。第三，国际游客的到来，使本地

图3-24 因特拉肯小镇风光（编者自摄）

的商业、餐饮等更加国际化。在考察中，我们发现因特拉肯的火车站、街道、商店可以看到更多的非西方国家面孔和世界各地不同风格的餐厅。因特拉肯旅游街区商店服务员也来自世界各地，交流的语言不局限于英语、德语、法语，还包括中文、韩文等。游客的多样化对城镇的空间格局和产业形态以及人口构成产生了深刻的影响。

二、文化遗产、文化景观与大众旅游

文化遗产是标志着区域文化独特性的重要文化景观（周尚意 等，2004）。与文化景观一样，文化遗产也分为物质文化遗产和非物质文化遗产两种类型。根据联合国教科文组织的定义，物质文化遗产[①]包括以下三种类型：一是古迹，即从历史、艺术或科学角度看具有突出的普遍价值的建筑物、碑雕和碑画，具有考古性质的成分或结构、铭文、窟洞以及联合体；二是建筑群，即从历史、艺术或科学角度看在建筑式样、分布均匀或与环境景色结合方面具有突出的普遍价值的单立或连接的建筑群；三是遗址，从历史、审美、人种学或人类学角度看具有突出的普遍价值的人类工程或自然与人联合工程以及考古地址等地方。非物质文化遗产[②]指被各社区、群体，有时是个人，视为其文化遗产组成部分的各种社会实践、观念表述、表现形式、知识、技能以及相关的工具、实物、手工艺品和文化场所。这种非物质文化遗产世代相传，在各社区和群体适应周围环境以及与自然和历史的互动中，被不断地再创造，为这些社区和群体提供认同感和持续感，从而增强其对文化多样性和人类创造力的尊重。非物质文化遗产包括五种类型：一是口头传统和表现形式，包括作为非物质文化遗产媒介的语言；二是表演艺术；

---

① 物质文化遗产的定义来自《保护世界文化和自然遗产公约》。该公约发布于联合国教科文组织于1972年10月17日至11月21日在巴黎举行的第17届会议。该公约将"文化遗产"等同于"物质文化遗产"（https://www.un.org/zh/documents/treaty/files/whc.shtml），访问日期：2020年4月30日。

② 非物质文化遗产的定义来自《保护非物质文化遗产公约》。该公约发布于联合国教科文组织于2003年9月29日至10月17日在巴黎举行的第32届会议（https://www.un.org/zh/documents/treaty/files/ich.shtml），访问日期：2020年4月30日。

三是社会实践、仪式、节庆活动；四是有关自然界和宇宙的知识和实践；五是传统手工艺。虽然非物质文化遗产强调文化的无形状态，但其通常需要借助物质载体实现。例如，音乐表演不但是一种听觉形式的无形文化，也需要依赖乐器这种有形的物质载体。

下面将以伯尔尼古城，科尔马尔古城，圣加仑牛铃、修道院及图书馆，斯特拉斯堡的大岛和拉绍德封建筑群为案例，探讨（物质、非物质）文化遗产和文化景观对旅游开发的影响。

（一）伯尔尼古城

伯尔尼（Bern）位于瑞士的德语区。Bern在德语里是"熊"的意思，因此也被称为"熊城"。传说该地区最初的统治者柴林根公爵热爱外出打猎，他在占领伯尔尼领地的时候，扬言要以打到的第一头野兽为这座城市命名。柴林根公爵很快便在野外打死一头熊，于是将此地命名为"熊"。因为这个历史渊源，伯尔尼人对熊特别偏爱，熊的形象随处可见，伯尔尼州的徽标也是一只黑熊。在城市里，无论是街道中的喷泉还是古老的建筑物，几乎都有熊的雕塑。伯尔尼人自15世纪就开始在位于阿勒河畔的熊苑饲养大棕熊，熊的文化已经与这座城市融为一体并成为一个鲜明的文化符号。伯尔尼古城至今仍完整地保留着中世纪的建筑风貌（图3-25）。

图 3-25　俯瞰伯尔尼古城（编者自摄）

伯尔尼旧城区四处可见尖顶的古建筑，长达6千米的沿街拱廊也极富特色。拱廊结构独特，是典型的中世纪建筑。沿街的楼房底层门前是便道，便道的顶部向外延伸，形成了走廊。走廊临街的一面有拱柱支撑，两柱之间好似有宽大的拱门，廊道相连、拱门相接，形成拱廊（图3-26）。老城街头有很多喷泉雕塑，每一个喷泉都别具特色。有些喷泉的历史甚至可以追溯到中世纪。其中，正义女神喷泉（图3-27）是最著名的喷泉之一，坐落于正义大街中央，雕塑为一位女神手持宝剑（象征审判）和天平（象征公平），以示正义。正如瑞士其他城市中的喷泉一般，伯尔尼数量众多的喷泉与其发达的地下水系统有关——喷泉是古时居民取水的地点。

游客的到来刺激了伯尔尼古城内的商业发展，如今，在世界闻名的拱廊里积聚着大商场、时装店、珠宝店、古董店、钟表店、工艺品店、甜食店、巧克力店、咖啡店和饭馆等，而市场街和医院街等街道上的店铺里销售的全都是最新款式的奢华时装和摩登饰物，米兰的前卫时装在贵族街和教堂街上轮番登场，杂货街、邮局街、正义街上商店的货品琳琅满目。

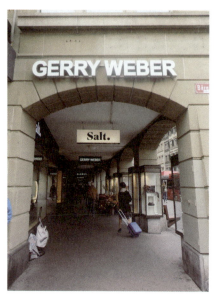

图3-26 伯尔尼古城拱廊（编者自摄）

图3-27 正义女神喷泉（编者自摄）

（二）科尔马尔古城

科尔马尔以葡萄栽培、葡萄酒酿造及相关产业为经济的主要支柱，因此又被称作葡萄产业驱动的世界旅游小镇。历史上德、法两国的交相统治丰富了科尔马尔的市容风格，不同的传统文化在此融合，创造出迥异于德国和法国传统的阿尔萨斯传统。曾经入选我们的中学语文教材、由法国人都德所写的《最后一课》中的事件就发生在科尔马尔。日本吉卜力工作室（Ghibli）制作的动画片《哈尔的移动城堡》，原型也是科尔马尔。

科尔马尔这座中世纪的老城自公元823年就被记入史册。虽然这里经历过火灾、战争、重建，但至今仍然保留着16世纪建筑风格的木筋屋（图3-28）。木筋屋的多面形屋顶由木材搭建，其独特的设计使每栋建筑皆具个人品位。一座座木屋，使这座小城充满着浓郁的阿尔萨斯风情。科尔马尔旅游吸引人之处不只是留存完好的中世纪建筑景观，其丰富的博物馆资源也吸引了大量的"回头客"。由于大多数的博物馆都是由旧时的教堂和其他宗教建筑改造而成的，所以其建筑本身就是一座座教堂艺术博物馆。

图3-28　科尔马尔典型的木筋屋（编者自摄）

博物馆中的展览数月便更新一次，为游客们持续带来新鲜感。在这座"博物馆之城"中，有两座博物馆为科尔马尔增添了历史的厚重感。一是菩提树下博物馆（图3-29）。该博物馆由一座修道院改建而成，位于菩提树下的圣约翰礼拜堂侧。馆内展出中世纪末及文艺复兴时期以莱茵河一带为题的重要雕塑及画作，由格鲁奈瓦德（Grunewald）于1515年绘画的《伊森海恩祭坛画》（*Couvent des Antonins d'Issenheim*）是镇馆之宝。二是纪念画家汉斯的博物馆（Le Village Hansi & Son Musée，图3-30）。这座博物馆里陈列着汉斯这位特别的艺术家的翻制作品。汉斯原名让·雅克·沃尔兹

图 3-29　菩提树下博物馆（编者自摄）

图 3-30　汉斯博物馆（编者自摄）

（1873年2月23日—1951年6月10日），笔名为"汉斯"，是一位坚定的亲法国活动家，以其古朴的绘画风格而闻名。汉斯通过艺术的手法表达自己的政治主张，是"一战"和"二战"时的法国民族英雄。他的一些作品包含了对当时德国攻占法国的严厉批评与反对。

独特的文化景观使科尔马尔成为法国重要的旅游景点，吸引了世界各地的游客前来游览。旅游的发展带动了古城商业的发展，但也出现了一些问题：科尔马尔中心区域的大量古建筑在首层新开设的商铺没有十分注意对建筑的保护；一些建筑首层的商铺内外基本都是现代的建筑风格，导致如今科尔马尔上下层建筑出现了古老与现代的分化，以及景观不协调的问题。由此可见，在活化历史建筑时，哪些部分可以修整翻新，哪些元素应该保留保护，是一个值得深入思考的问题。

（三）圣加仑牛铃、修道院及图书馆

位于阿尔卑斯山区的瑞士，原本是一个以农牧业为主的小国，牧牛文化在当地传统文化中占有举足轻重的地位。圣加仑的主要城区顺应地势建立在沿西南、东北走向的山谷中，南北两翼为侵蚀低山，因而畜牧历史悠久。从坡顶至谷底，景观由森林公园、牧场过渡为市民住宅和商业区。

然而，传统畜牧业有着以下几个问题：畜牧产生粪便污染；大型牲畜有闯入草场旁私人住宅或市中心商业区的风险；在饲养牲畜的草地，动物的践踏大大加剧了土屑的蠕动速率，使得坡地草场凹凸不平，破坏了自然景观。针对人们喜爱的牧牛文化与城市用地之间的矛盾，圣加仑当地政府采取了以下措施对畜牧业及其相关传统进行管理：第一，采用低压电线而非栅栏和铁丝网来控制牲畜活动范围，从而减少了对动物的伤害和对景观的遮挡；第二，继续发挥牛铃（图3-31）作为当地的非物质文化遗产的作用。当地的手工牛铃是用沙制模具浇筑而成的，同时还刻有精致的装饰图案。铃铛的声音取决于它的形状和厚度，由于制作的差异，每个牛铃发出的声音各不相同。牧民们听着铃铛响，就能判定每头牛的位置及活动状态，并及时将其找回。

图3-31　非物质文化遗产：牛铃

（资料来源：维基百科，https://en.wikipedia.org/wiki/Cowbell，访问日期：2020年4月30日）

除了非物质文化遗产之外，圣加仑最主要的旅游目的地是圣加仑修道院（The Abbey of St. Gallen）及其附属的图书馆（图3-32）。该修道院及图书馆于1983年入选联合国教科文组织《世界遗产名录》。图书馆中最早的藏书可追溯到9世纪。圣加仑修道院是卡洛林王朝时期修道院建筑风格的典范，其中的大教堂（Cathedral）堪称西方巴洛克式修道院教堂的最后一座纪念

图3-32　圣加仑修道院及其附属的图书馆（编者自摄）

碑。千余年来，圣加仑修道院推行的圣本笃会会规要求教众热爱读书，对宗教经文进行深刻反思，这促进了其文化地位的建立。自8世纪建成直到1805年转为世俗化之前，它一直是欧洲最重要的文化中心之一。修道院下属图书馆的大厅由建筑师彼得·图布（Peter Thumb）于1758年至1767年间建成，采用后巴洛克式华丽装饰风格和精美的木质建筑工艺，是世界上历史最悠久、馆藏最丰富的图书馆之一。

圣加仑修道院所附属的图书馆，使圣加仑成为德语国家的宗教、教育、文化中心。该修道院及图书馆向我们展示了语言和文字的传播是宗教团体和城市社会起源、发展的先决条件和重要因素。语言和文字使得法律规章和知识技术得以保留和传递，因此，今天的我们可以超越时空的限制，在古老的思想中寻找构建现代社会的各种基础。同时，随着造纸和印刷业在瑞士地区的传播，从手写稿到印刷品的转变促进了圣加仑地区文化影响力的进一步扩大，直至今天它仍然在地区政治、经济和文化发展中扮演着重要角色。身处圣加仑修道院巴洛克式图书馆大厅中，被数以千计的珍贵书籍围绕着，人们可以切身感受到知识的力量。圣加伦修道院和图书馆文化的独特性及氛围，吸引了世界各地的游客前来观光游览，也带动了圣加仑周围老城区的商业发展。

（四）斯特拉斯堡的大岛

斯特拉斯堡始建于公元前12年，公元400年发展成为一座大型堡垒。1262年，"德意志民族的神圣罗马帝国"（Holy Roman Empire of German Nations）在此建立了一个自由城市。该城市于1681年被"太阳王"路易十四征服，成为法国的城市。如今，其位于法国的边界地区，毗邻德国，是欧洲重要的边境城市。莱茵河的支流伊尔河被斯特拉斯堡一分为二，在穿过斯特拉斯堡的市中心后又合二为一，在市中心形成一个椭圆形的岛——大岛（Grande Île）。该岛被联合国教科文组织列为世界文化遗产，其历史文化景观和古建筑的结构得到了很好的保护。

大岛西端的"小法兰西"区域（图3-33）有4条平行的运河穿过。"小法兰西"在中世纪时是皮革商人等手工业者的聚集地。皮革制造业需要大量的水用于生产（如皮革商在制作皮制品前需要用水清洗动物的皮毛），同时，发达的水上交通系统也有利于这些手工业者将自己的产品运输到其他地方进行贸易。因此，我们可以在这里看到许多屋顶上有两层甚至多层阁楼的特殊建筑，这种建筑曾经为皮革商人们所建造和居住，他们利用这种特殊的建筑来储存和晾晒货物。这说明当时在这个地方形成了一个小的产业中心，类似于我们现在所说的产业集聚现象。沿着街道，我们可以发现房子是逐层向外突出的，旨在节约用地的同时，以获得更多的使用面积。

因为处于边境区域，大岛曾经是一个军事防御要塞。早在600年前，斯特拉斯堡就是一个富有而稳定的城市，但边界另一侧的德国却并非如此。为了防止边境另一侧敌人的入侵，斯特拉斯堡当局决定修建城墙、防御工事和4座瞭望台。由于其中一座瞭望台在1869年被摧毁，如今，我们只能看到3座保存完好的瞭望台。1690年，一位名叫沃邦的法国建筑工程师设计了一座防洪墙，既能阻挡敌人的进攻，又能防御洪水，因此也被称作沃邦要塞（图3-34）。这里曾经是贸易频繁的地区，经常会有载满货物的货船经过，有

图3-33　"小法兰西"、皮革商人的多功能建筑和旋转桥（编者自摄）

图 3-34 沃邦要塞（编者自摄）

时过低的桥梁会阻碍船只的通过。于是，人们发明了一种可以旋转的桥，在有需要的时候可以旋转90°让经过的船只通过。这座可以旋转的桥梁一直沿用至今（图3-33）。大岛上的另一处重要历史遗址是斯特拉斯堡大教堂（图3-35）。该建筑是世界第四高的教堂，至今已有1000多年历史，始建于1015年，于1439年完工。它是唯一只建成了一座塔的教堂，它的第二座塔在1439年后没有继续建造——其中一个原因可能是工程所用的建筑材料不够稳固，不能承受第二座塔的重量；另外一个原因可能是教会缺乏资金，在建完教堂和第一座塔后就已经耗尽了预算。

图 3-35 斯特拉斯堡大教堂（编者自摄）

斯特拉斯堡作为边境城市，其发展常常伴随着战乱；但其特殊的地理位置与历史文化背景使得其拥有良好的贸易条件与文化基础——作为皮革贸易区，其建造的建筑物及构筑物具有与产业特点相匹配的鲜明特征；作为天主教辖区以外的地区，其宗教对经济的干预较弱，从而使其经济权利得到保障，逐渐发展为富裕的城市。而今，由于欧洲对历史文化保护的普遍重视，斯特拉斯堡的古城得以存留，这也为其旅游业的发展提供了条件。由此可见，边境之城斯特拉斯堡的发展之路是曲折的，但由于其传统特征在发展过程中不但被保留下来，而且与新时代的需求相结合，所以，其沉淀的历史文化有效地转化成了如今的发展优势。

（五）拉绍德封建筑群

拉绍德封建于1656年，1794年的大火烧毁了城市部分地区，如今拉绍德封的城市布局是查理-亨利·朱诺德（Charles-Henri Junod）于1835年制定新城规划后建立的。作为钟表制造业的杰出范例（保存良好并依然处于活跃状态的城镇，图3-36），2009年，拉绍德封建筑群成功入选世界文化遗产。拉绍德封建筑群具有以下三大特征。

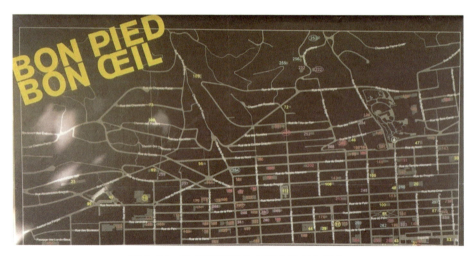

图3-36　拉绍德封城市布局（编者自摄）

第一，棋盘式城市布局。拉绍德封位于瑞士汝拉山脉，但它的城市规划摒弃了依山而建、顺势而筑的惯例（如泰山脚下的山东省泰安市），采用了整齐划一的棋盘式布局。其街道整齐、道路笔直，城市格局一目了然。这种布局模式与其手工业发展息息相关。拉绍德封的主要产业是钟表业，城市大部分的居民均从事与钟表生产有关的行业。因此，这里的规划和建筑风格都反映了钟表生产行业的需求。棋盘式布局的最大特点就是建造的便利性。与其他的规划方式相比，棋盘式规划建造比较便利，对技术手段的要求最低，划分出来的城市土地形态也较为清晰。在拉绍德封，这种整齐明了、分区明显的布局规划既有利于满足制表产业的不同工种的需求，也有利于不同区域之间的交流。

第二，带状分布，街道、住房和工厂建筑以及商业建筑相互配套。拉绍德封的城市发展与钟表制造业密切相关。采用这种布局，是为了方便制表师们在居住地与工作地之间的往返，以及制表师们之间随时随地进行交流，从而大大提高生产效率，有利于其钟表业的发展。

第三，注重采光。手表的组装和细小的机芯零件的装饰非常考验制表师的眼力，需要良好的采光。因此，给每位制表师提供一个光线明亮的工作环境至关重要。而拉绍德封整个城市的棋盘式布局以及房屋上较大的窗户能让阳光更多地照射到房间中。

拉绍德封作为钟表产业小镇被评为世界文化遗产，因此，这座城市也被往来的游客视为一座活的钟表博物馆。加之拉绍德封最著名的名人——建筑与城市规划大师勒·柯布西耶在城市中留下了他最初的作品（图3-37），在世界遗产和名人效应的双重作用下，该城市在手工钟表制造业之外发展出了新的产业——旅游业。

图 3-37　勒·柯布西耶最初设计的建筑群（编者自摄）

三、小　结

- 自然和文化遗产都是重要的旅游资源，对吸引全球旅游者、促进旅游地经济社会发展有着重要的意义。
- 大众旅游的开发虽然能够为旅游地带来可观的经济收益和社会效益，但也会对自然和文化遗产造成一定的损害。因此，在旅游开发的背景下，如何保护文化遗产是一个值得探讨的话题。对于瑞士和上莱茵河谷区域来说，历史遗产的维护和修复、自然风光的保护和旅游基础设施的不断完善，都是促进当地旅游业可持续发展的重要途径。

第六节　全球/区域治理与跨国生活

全球化与现代化是描述世界总体状况最为关键的两个术语。全球化在政治话语中指一个被自由市场支配的不可阻挡的全球一体化进程。对于地理学来说，全球化是一个全球互联的网络，是跨国联系的延伸、加速和强化以及时空压缩和距离缩减的过程，同时也是资本造成的去领土化（deterritorialization）和再领土化（reterritorialization）过程，及其所蕴含的区域发展不平衡的"元凶"（Gregory et al., 2011：308）。简单地说，全球化表示全球联系不断增强，人类生活在全球规模的基础上发展及全球意识的崛起，国与国在政治、经济贸易和文化上相互依存（顾朝林，2012），即全球互联的广度、深度和速度不断加强的过程（Faulconbridge & Beaverstock, 2009）。全球化包括经济、政治和文化的全球化。其中，经济全球化有狭义和广义两个概念。狭义的经济全球化指生产的全球化，其主角是跨国公司；广义的经济全球化则指跨越国家边界的各类经济活动程度的扩大与深化（顾朝林，2012）。政治全球化指全球治理联合体的广泛发展。多边协议、全球和区域机构或政权、超政府的政治系统和政府首脑会议组成的密集网络都是政治全球化的体现，它们对从全球金融到全球动植物保护等几乎所有的跨国活动和世界事务进行调控和干预（赫尔德、麦克格鲁，2004）。政治全球化被认为是解决跨国政治和社会问题（如全球变暖、全球金融危机等）的重要途径。我们熟知的联合国、世界银行、世界货币基金组织等国际组织都是政治全球化的体现。文化全球化指在全球范围内产生超越国界、社会制度、意识形态的文化和价值观念的过程（顾朝林，2012），也包括日常生活方式的跨国主义化及其带来的国家边界的消弭（Faulconbridge & Beaverstock, 2009；Cloke et al., 2014）。文化全球化不但带来了文化的趋同性（如全球时尚的统一化、麦当劳化和可口可乐化）、文化的混合与杂糅（如美国创造的加州寿司卷）以及文化之间的交流，也促使人们频繁的跨国流动成为一种新的文化景观。

虽然全球互联越来越重要，但是比全球范围次一级的跨国区域组织（如欧盟）和民主国家仍然是支撑人口、商品和信息跨国流动的主要媒介（Faulconbridge & Beaverstock, 2009）。也就是说，国家和区域政策的推动以及区域内部国家之间的相互交流依然是当今经济、政治和文化全球化发展的主要动力。而地理学对全球化的探讨，不但将全球化看作一个过程，探讨其对跨国经济、政治和文化的整合和联结作用，还关注全球与本土之间的相互关系。对于地理学来说，每一个地方都在全球体系中，受到全球化的影响；与此同时，每一个地方都是与全球其他地方产生联系的节点，也深刻影响着全球化的路径（Cloke et al., 2014）。

在本书第二章第二、三部分的介绍中提到，瑞士和上莱茵河谷区域处于全球化程度最高和跨国活动最为频繁的欧洲，是典型的受全球化深刻影响并深刻影响全球化进程的全球城市区域。20世纪60年代以来，全球化对城市格局产生了巨大的影响，城市的发展也逐渐上升到全球尺度。全球城市（global city）和世界城市（world city）这两个概念被城市地理学者广泛用于探讨城市的全球化发展过程（薛德升 等，2010）。全球城市是世界城市中最为重要的节点性城市。世界城市指"政治上占支配地位，跨国企业总部、金融和商贸服务等生产者服务业、商会等国际组织云集，具备国际领先水平交通枢纽，人口规模巨大，社会服务完善，工商业高度发达的城市"

（Hall，1966：11）。在由国际联系构筑的网络中，发挥突出节点性作用的城市被定义为全球城市（Sassen，1991）。世界城市在中观尺度的表现，即跨国要素集聚强中心周围形成面积巨大的经济腹地，便是全球城市区域（global city region）（Scott，2001）。

本章的第一部分着重通过一系列案例分析了瑞士和上莱茵河谷区域的经济全球化现象。本节则从政治和文化（生活方式）全球化的角度，进一步展示全球化与该区域之间的互动。本节不但关注全球化所带来的全球（国际组织）和区域（欧盟）治理对全球各地的连接作用，以及全球化对人们日常生活的改变，而且还从本土要素的角度，分析为何出现这些全球化的现象，以及起重要作用的跨国组织为何在瑞士和上莱茵河谷区域扎根。

一、国际组织在日内瓦的聚集

随着世界各国之间的交往日益频繁、交往的领域不断扩大，国际组织渐渐兴起。国际组织的主要作用包括为成员国展开各种对话和合作提供场所、组织国际社会的活动、调和国与国之间的政治经济矛盾、维持世界和平等。日内瓦便是国际合作的一个全球枢纽，许多国际组织的所在地都在日内瓦（图3-38）。位于日内瓦的国际组织包括联合国欧洲总部、世界卫生组织、国际劳工组织、国际电信联盟、联合国艾滋病毒/艾滋病联合规划署、联合国贸易和发展会议、政府间气候变化专门委员会、世界贸易组织、各国议会联盟、世界经济论坛、红十字国际委员会、国际红十字会与红新月联合会、国际移民组织、无国界医生组织、国际文凭组织、世界基督徒学生联盟、互联网管理论坛、阿迦汗基金会、国际标准化组织、世界企业永续发展委员会、世界教会理事会、国际网络虚拟图书馆、国际艾滋病协会、世界童军运动组织、国际电工委员会、国际公路运输联盟、国际抗癌联盟、人权观察组织等。欧洲层面的国际组织包括欧洲广播联盟、欧洲核子研究中心、欧洲教会会议。位于瑞士的43个国际组织中有37个位于日内瓦，全球1400个国际机构中有815个在日内瓦。在日内瓦的这些组织中，拥有177个州代表、257个

图3-38 位于日内瓦的国际机构

（资料来源：https://www.swissinfo.ch/eng/who-s-who_mapping-geneva-s-international-organisations/36927252，访问日期：2021年3月1日）

常驻代表团及代表团，以及2700名非政府组织的成员。每年在日内瓦召开约3300次会议，大约有22万名来自世界各地的代表参会。

本书以参观世界贸易组织（WTO）大楼为例（WTO大楼的参观须提前预约，预约网址：https://www.wto.org/english/thewto_e/cwr_e/cwr_e.htm#gt）阐述国际组织如何进行全球事务的管理。WTO的活动领域主要包括贸易谈判、解决争端、执行和监管、建设贸易规则体系。作为唯一处理国与国之间贸易规则的全球性国际组织，WTO运作一整套全球贸易规则体系的法律与制度框架。作为谈判贸易协定的论坛，WTO的首要目标在于组织贸易活动，为成员国展开对话和谈判提供场所，解决其成员之间的贸易争端，尽可能确保国际间贸易顺利地、可预测地和自由地进行，从而促进经济增长、提高人民福利、维护国际贸易和平与稳定；并支持发展中国家的需要，为所有人的利益开放贸易，推进国际关系民主化。WTO通过每年在日内瓦举行常规和特殊会议，以及为各国首脑、政要和跨国公司负责人举办临时研讨会的方式，为全球贸易的发展制定规则。

日内瓦之所以能够被大多数国际组织作为总部选址地，主要有以下五个原因。

第一，宜人的居住环境。日内瓦地处北温带，属地中海气候，夏干冬湿，全年宜人的气候非常适合各类国际会议于此召开。

第二，地缘政治。日内瓦正好处在欧洲几大国的中心——十字路口的位置，和几个大国（英国除外）之间的距离都相差无几，使得其成为各大国争夺国际组织总部设立地的一个妥协产物。日内瓦同时更是欧洲交通的心脏，国际组织总部设于此地也便于各国的交流。

第三，人文历史。日内瓦在历史上的中立、和平的地位受到国际社会的尊重，具有包容、和平的氛围，这使得其在发挥国际协调作用时更具有影响力和说服力。同时，联合国的前身国际联盟总部亦位于日内瓦，为日内瓦贴上了国际沟通协调功能的标签。

第四，集群效应。落户此地的国际组织众多，引起了集群效应。不同的国际组织集聚于此，公共设施资源得以共享，存在内在联系的相关组织之间亦能够较为便利地互相沟通，促进彼此之间的非正式交流，不仅提高了办事效率，而且进一步地吸引了更多的组织落地。

第五，市场营销。日内瓦是著名的"国际会议之都"，众多国际组织的到来，带动了当地会展及服务产业的发展（图3-39、图3-40）。日内瓦有20多处适合举办各类会议的专业场所，为各种会议的召开提供了充足的场地保障；专业化的服务团队，降低了会议繁杂的协调工作压力，也是会议得以成功举办的重要因素。同时，日内瓦以"国际组织之都"和"国际会议中心"的称号进行城市营销和国际形象营造,吸引了越来越多的国际组织在此驻足。

图 3-39　WTO 大楼 William Rappard 中心（编者自摄）

图 3-40　William Rappard 中心会议室（编者自摄）
（注：可预约工作人员在会议室对 WTO 功能进行讲解）

二、斯特拉斯堡与欧洲议会

作为欧盟唯一的民选机构,欧洲议会（图3-41）非常重视发挥其作为欧洲内外自由、人权和民主监护者的作用。其成员的任务主要是代表欧盟公民,并捍卫他们的利益。欧盟一直致力于保持其机构的透明和民主,欧洲议会是一个重要的工具。欧盟的行政及立法权力集中于三个机构手中,其中,欧盟理事会(位于比利时布鲁塞尔)代表各国政府,欧洲议会(位于法国斯特拉斯堡)代表各国公民,欧盟的整体利益则由欧盟委员会(位于比利时布鲁塞尔)代表。这三个机构分开设置的思想,体现了欧洲近现代政治中"三权分立"的核心理念。

欧洲议会在三个地方有实体机构常驻,即除斯特拉斯堡外,在布鲁塞尔、卢森堡也有工作点。在欧洲煤钢共同体(ECSC)刚成立不久时,欧洲议会(当时称为"欧洲委员会")便已设在斯特拉斯堡,它为欧洲议会"共同大会"的会议提供了全体会议室,并逐渐成为议会全体会议的主要举办地。

在欧洲一体化进程的早期,由于没有确定固定的会议地点,欧洲议会的开会地点须由欧盟各成员国政府共同商定。出于利益需求,各国政府所期待的开会地点各有不同,加上欧洲各个重要的立法和行政机构的分开设置,为议会的选址与会议召开带来了麻烦。在1992年,欧洲委员会和部长理事会正式确定了议会的工作安排:大多数全体会议在斯特拉斯堡举行,议会委员会将在布鲁塞尔举行,议会秘书处将正式设在卢森堡。这整个安排在1997年被纳入《欧盟条约》。现行制度的任何改变都需要修改条约,这需要所有成员

图 3-41　欧洲议会大楼(编者自摄)

国政府达成一致意见,并要求各国议会批准。

欧洲议会选址的确定也反映了多年来欧洲各国在政治方面达成的一定妥协。"二战"后,欧洲议会专门选址在这个边境城镇,是因为几个世纪以来,这个城镇在所谓的"传统法德敌对关系"下遭受了相当大的痛苦,德国和法国在历史上曾因为这里的主权问题进行了很多的争斗。现在,斯特拉斯堡成为一个和解和友谊的地方,在一定程度上可以作为德法和解与欧洲团结的象征。

三、巴塞尔三国城市群的瑞—德—法边界线与当地居民的日常跨境活动

巴塞尔是连接瑞士、德国和法国的重要交通枢纽,三个国家的高速公路在此交会。同时,巴塞尔有三个分别属于瑞、德、法三国的火车站,一个跨越瑞、法两国国界的国际机场(Basel-Mulhouse Airport)和一个莱茵河工业内河港口。在通向三国交界处,巴塞尔沿岸多为私人工厂与政府廉价住房;靠近法国边境是一片荒地;靠近德国边境的则是一系列小型的商业中心(图3-42)。

图 3-42　瑞—德—法边境处的小型商场(编者自摄)

由于巴塞尔三国城市群这一全球城市区域跨越瑞士、德国和法国三国，因此，在三国边境地区出现了频繁的跨境活动：当地许多居民形成了在瑞士工作，在德、法两国消费和居住的现象。这种现象的形成原因大致包含以下两个方面。

一方面，瑞士生活水平较高、收入较高，瑞士境内的物价也维持在一个较高水平；与瑞士相邻的德国、法国的物价相对而言则较低。因此，巴塞尔及周边地区的瑞士居民，往往每隔一段时间（通常一两周）就到邻国购买生活必需品及食品，然后在过境处进行退税后再返回。许多瑞士居民还会选择前往德国看牙医，因为在瑞士境内看牙医的费用过高。除了在日常消费方面存在跨境活动外，由于瑞士的房价较高而使得本地人难以负担，因此部分巴塞尔居民选择跨境生活，即在巴塞尔工作，在德、法两国居住；同时，也有部分德、法居民被瑞士的高工资吸引，前往瑞士工作，在本国居住。

另一方面，三国边境区域的瑞士一边位于下巴塞尔地区，由于其内城衰败以及基础设施不齐全，加上物价较高，居民往往不会选择在当地消费，而是选择前往德国、法国进行日常娱乐活动。例如，下巴塞尔地区有一个电影院，但由于其价格较高，加上德国边境处有一个价格低廉的电影院，因此，巴塞尔边境处的居民通常会"跨国观影"。

由于当地居民频繁的跨国活动，在三国边境地区，当地政府开通了直达边界线的公共汽车，使边境居民能够在瑞士、德国和法国三国之间便利地往来，同时也进一步促进了跨境交往。这种日常跨境活动给三国居民带来了较大的好处。但是，对于位于瑞士的巴塞尔地区来说，这种跨境活动也对其进一步发展提出了挑战。下巴塞尔地区出现内城衰败的现象，加上其物价水平高，导致其竞争力不足，无法吸引居民消费，从而进一步激化了内城衰败；这种"瑞士工作，德、法消费"的习惯，也最终导致了巴塞尔地区税收的大量流失。

四、小　结

- 国际组织不但在国际共同事务的裁决中起到重要的作用，同时也对其所在地的城市品牌、城市地位和城市形象产生深刻的影响，使之成为具有全球或者跨国区域政治功能的城市。

- 全球化对本土的影响不但体现在共同治理和经济一体化与联合化方面，而且还体现在其对本土生活的深刻影响上。在全球化和区域一体化的欧洲，跨国生活变得更加频繁。这种跨越边界线的日常活动，深刻地影响了本土文化的特征。

- 当我们探索一个地方的政治和文化全球化特征的时候，不能忽略这个地方原本的地理区位及其历史和社会特性。

第四章 注意事项

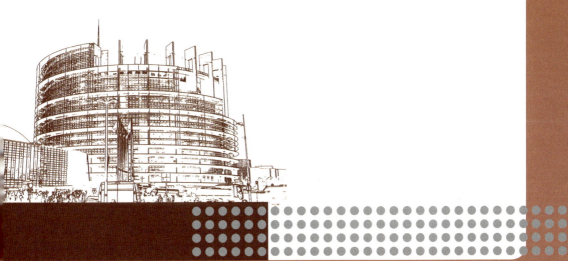

国际实习的时间应根据具体路线、实习内容以及天气状况进行安排，一般以1~2周为宜。人员安排方面可以进行分组，建议分为物资组（负责准备所需物资）、财务组（负责管理实习共同资金和账务）、采风组（负责实习中的摄像）、文稿组（负责对当天实习内容进行文字整理）和设计组（负责实习成果展示的设计）等。

国际实习不同于国内实习，目的地和途经地的生活习惯、文化风俗以及语言都与中国有所差异，因此，时刻保持实习队伍里成员间的联系以及避免由于地域差异而引起不必要的冲突是非常重要的。参加瑞士-上莱茵河谷地理综合实习需要注意以下事项。

1. 时差

法国、德国和瑞士均处于东一区（GMT+1），夏令时比北京时间晚6小时（10月最后一个周日才开始冬令时）。

2. 气候

法国四季分明，夏季（7—8月）日间平均气温在14 ℃到25 ℃之间，冬季（1—2月）日间平均气温在2 ℃到7 ℃之间，春、秋二季日间平均气温在4 ℃到19 ℃之间。

德国气温适中，全年气候变化不大，夏季（7—8月）日间平均气温在20 ℃左右，冬季（1—2月）日间平均气温在0 ℃左右。

瑞士气候温和，夏季（7—8月）日间平均气温在18 ℃到28 ℃之间，冬季（1—2月）日间平均气温在-2 ℃到7 ℃之间，春、秋二季日间平均气温在8 ℃到15 ℃之间。由于瑞士境内多为多山地形，气温会根据海拔高度而变化。

3. 货币与汇率

法国和德国的通用货币为欧元；瑞士的通用货币为瑞士法郎，日内瓦、伯尔尼和苏黎世的一些大型购物场所可以使用欧元。有银联、Visa、Master

标志的银行卡在法国、德国和瑞士皆可直接取现和刷卡（请注意ATM和POS机上的标志），手续费各个银行不同。

4. 入境物品规定

法国、德国和瑞士都不允许旅客随身携带肉类、蛋类、鱼类、蜂蜜、奶制品等动物类产品。每位旅客只可以携带一日量的儿童食品或药品入境。如海关发现违禁产品入境，将进行没收处理。违反相关规定的旅客有可能被处以罚款。各个国家的其他要求如下。

- 法国

若携带超过1万欧元现金、证券、贵重物品或者等值外币入境法国，必须申报。严禁携带毒品、麻醉品、假冒盗版产品、军火、弹药、爆炸物、象牙制品、淫秽物品。对于烟酒，17岁以上旅客每人只可携带200支香烟或100支小雪茄烟或50支雪茄或250克烟草，酒精度超过22度的酒和含酒精饮料1升或酒精度低于22度（含22度）的酒和含酒精饮料2升，静止葡萄酒4升和啤酒16升，未满17岁旅客严禁携带烟酒。每位旅客只能携带250毫升化妆品、50克香水、500克咖啡、自用物品及自用药物。

- 德国

免税品数量不得超过以下规定。

烟草类：200支香烟，或100支小雪茄，或50支雪茄，或250克烟草。

酒精类：1升酒精度在22度以上的酒或80度以上非变性酒精，或2升酒精度在22度以下的酒，或4升静止葡萄酒，或16升啤酒。

药物：与个人旅行所需用量相符。

发动机燃料：机动车主油箱中的现有量或10升存于可携带油箱中的燃料。

总价值不超过300欧元的商品；15岁以下旅客所携商品总价值不超过175欧元。

尤其需要注意的是，每个人的烟、酒等免税商品须分开携带，不然将被视为其中一人携带的商品；年满17岁人士方可携带免税烟草及酒精饮品入境。

- 瑞士

若携带超过1万瑞士法郎现金入境瑞士，将会受到海关询问。对于烟酒，17岁以上旅客每人只可携带200支香烟，或者50支雪茄，或者200克管制烟草以及2升酒精度不高于15度的酒和1升酒精度15度以上的酒；未满17岁旅客严禁携带烟酒。在抵达瑞士前14天内在感染区停留过的旅客，会被要求提供接种相关传染病疫苗的证明。

5. 电源与插座

法国和德国使用欧盟标准插座，瑞士则使用欧盟标准和瑞士标准插座。欧盟标准插座和插头形态如图4-1、图4-2所示，瑞士标准插座和插头形态如图4-3、图4-4所示。

图4-1 欧盟标准插座

图4-2 欧盟标准插头

图4-3 瑞士标准插座

图4-4 瑞士标准插头

6. 饮用水

法国、德国和瑞士大多数自来水均为饮用水。若没有明确的不可饮用标识，则可以直接饮用。

7. 零钱

一部分公厕需要付费使用，大概0.5欧元一次。有些火车站的厕所也要付费使用。机场、大型商场和餐厅的厕所不用付费使用，但在一些餐厅如不消费则不让进免费洗手间。

8. 使领馆信息

    - 法国

    中华人民共和国驻法国大使馆领事部

    地址：20, rue Washington, 75008 Paris

    办公时间：星期一至星期五（节假日除外）9:30—12:00，14:30—17:00

    联系电话：0033-153758840

    网址：http://www.amb-chine.fr/chn/

    - 德国

    （1）中华人民共和国驻德国大使馆

    地址：Märkisches Ufer 54, 10179 Berlin

    办公时间：星期一至星期五 8:30—12:30，13:30—17:00

    联系电话：030-27588-0

    网址：http://www.china-botschaft.de/chn/

    （2）中国驻法兰克福总领馆（距离弗赖堡最近）

    地址：Stresemannallee 19-23, 60596 Frankfurt am Main

    联系电话：0049-69-69538633

    网址：http://frankfurt.china-consulate.org/chn/

    - 瑞士

    中华人民共和国驻瑞士联邦大使馆

    地址：Kalcheggweg 10, 3006 Bern

    联系电话：031 351 1466

    网址：http://ch.china-embassy.org

9. 重要电话号码

    欧洲报警电话（欧洲全境适用）：112

    - 法国（报警：17；医疗救援电话：15；火警：18）

- 德国（报警：110；非紧急医疗救援：116/117；紧急救援：115）
- 瑞士（报警：117；医疗救援：144；火警：118）

10. 其他实用中文网站

- 法国旅游发展署https://cn.france.fr/zh-hant
- 德国国家旅游局https://www.germany.travel/cn/index.html
- 瑞士国家旅游局https://www.myswitzerland.com/zh-hant/

参 考 文 献

保继刚，楚义芳，2012. 旅游地理学［M］. 3版. 北京：高等教育出版社.

本内特，霍利斯特，2007. 欧洲中世纪史［M］. 10版. 杨宁，李韵，译. 上海：上海社会科学院出版社.

陈宇琳，2007. 阿尔卑斯山地区的政策演变及瑞士经验评述与启示［J］.国际城市规划，22（6）：63-68.

龚慧娴，2017. 藏在山中的天堂：瑞士高端产业小镇［J］.北京规划建设（3）：16-23.

顾朝林，2012. 人文地理学导论［M］. 北京：科学出版社.

贺灿飞，2018. 区域产业发展演化：路径依赖还是路径创造?［J］. 地理研究，37（7）：1253-1267.

赫尔德，麦克格鲁，2004. 全球化与反全球化［M］. 陈志刚，译. 北京：社会科学文献出版社.

赫斯特，2011. 极简欧洲史［M］. 席玉苹，译. 桂林：广西师范大学出版社.

蒋艳灵，刘春腊，周长青，等，2015. 中国生态城市理论研究现状与实践问题思考［J］. 地理研究，34（12）：2222-2237.

兰德利，2000. 创意城市：如何打造都市创意生活圈［M］. 杨幼兰，译. 北京：清华大学出版社.

李小建，2006. 经济地理学［M］. 2版. 北京：高等教育出版社.

刘炜，李郁，2012. 区域技术创新的非正式制度和联系：经济地理学的视角［J］.人文地理，27（2）：107-112.

苗长虹，樊杰，张文忠，2002. 西方经济地理学区域研究的新视角：论"新区域主义"的兴起［J］. 经济地理（6）：644-650.

苗长虹，2004. 变革中的西方经济地理学：制度、文化、关系与尺度转向［J］.人文地理（4）：68-76.

诺克斯，平奇，2005. 城市社会地理学导论［M］. 柴彦威，张景秋，等，译. 北京：商务印书馆.

许学强，周一星，宁越敏，2009. 城市地理学［M］. 2版. 北京：高等教育出版社.

薛德升，黄耿志，翁晓丽，等，2010. 改革开放以来中国城市全球化的发展过程［J］. 地理学报，65（10）：1155-1162.

杨琰瑛，郑善文，逯非，等，2018. 国内外生态城市规划建设比较研究［J］. 生态学报，38（22）：8247-8255.

赵荣，王恩涌，张小林，等，2006. 人文地理学［M］. 2版. 北京：高等教育出版社.

钟冠球，肖明慧，2008. 历史性城市伯尔尼古城的认知［J］. 现代城市研究（12）：52-61.

周灿，曾刚，尚勇敏，2019. 演化经济地理学视角下创新网络研究进展与展望［J］. 经济地理，39（5）：27-36.

周尚意，孔翔，朱竑，2004. 文化地理学［M］. 北京：高等教育出版社.

AHMED S, 2000. Strange encounters: Embodied others in post-coloniality [M]. London: Routledge.

BORRAS-ALOMAR S, CHRISTIANSEN T, RODRIGUEZ-POSE A, 1994. Towards a "Europe of the regions"? Visions and reality from a critical perspective [J]. Regional & Federal Studies, 4 (2) : 1-27.

BRUNET R, 1989. Les villes européennes: Rapport pour la DATAR (in French) [M]. Montpellier: RECLUS.

CASTELLS M, 2005. Space of flows, space of places: Materials for a theory of urbanism in the information age [C]. //SANYAL B. Comparative planning cultures. London: Routledge. 69-88.

CLOKE P, CRANG P, GOODWIN M, 2014. Introducing Human Geographies [M]. 3rd ed. Oxon: Routledge.

ECKHARDT B, JAKOB D, VON SCHNURBEIN G, 2016. Swiss Foundation report 2016 [R]. Geneve: Swiss Foundations.

ESDP, 1999. European spatial development perspective: Towards balanced and sustainable development of the territory of the European Union [R]. Luxembourg: Office for Official Publications of the European Communities.

EUROSTAT, 2018a. Eurostat regional yearbook 2018 edition [R]. Luxembourg: Publications Office of the European Union.

EUROSTAT, 2018b. The EU in the world. 2018 edition [R]. Luxembourg: Publications Office of the European Union.

EUROSTAT, 2019. Eurostat regional yearbook 2019 edition [R]. Luxembourg: Publications Office of the European Union.

FAULCONBRIDGE J R, BEAVERSTOCK J V, 2009. Globalization: Interconnected worlds [C]//CLIFFORD N J, HOLLOWAY S L, RICE S P, et al. Key concepts in Geography. 2nd ed. London: Sage. 122−147.

Federal Statistical Office (FSO), 2019. Statistical yearbook 2019 [R]. Neuchâtel: Federal Statistical Office.

GREGORY D, JOHNSTON R, PRATT G, et al., 2011. The dictionary of Human Geography [M]. West Sussex: John Wiley & Sons.

GUGLER P, KELLER M, 2009. The economic performance of Swiss regions [R]. Fribourg: Center for Competitiveness.

HALL P, 1966. The world cities [M]. London: World University Library.

HOPKINS P, 2014. Managing strangerhood: Young Sikh men's strategies [J]. Environment and Planning A, 46 (7): 1572−1585.

HOSPERS G-J, 2003. Beyond the Blue Banana? Structural change in Europe's geo-economy [J]. Intereconomics, 38 (2): 76−85.

International Monetary Fund (IMF), 2018. Regional economic outlook. Europe: Domestic expansion running into external turbulence [R]. Washington D. C.: International Monetary Fund.

JACKSON P, 2002. Geographies of diversity and difference [J]. Geography, 87 (4): 316−323.

KIENAST F, BÜRGI M, WILDI O, 2004. Landscape research in Switzerland: Exploring space and place of a multi-ethnic society [J]. Belgeo. (2−3): 369−384.

KUNZMANN K R, WEGENER M, 1991. The pattern of urbanisation in western Europe

1960−1990 [M]. Dortmund: IRPUD.

MAMADOUH V, 2018. The city, the (member) state, and the European Union [J]. Urban Geography, 39 (9) : 1435−1439.

MITCHELL L S, MURPHY P E, 1991. Geography and tourism [J]. Annals of Tourism Research, 18 (1) : 57−70.

SASSEN S, 1991. The global city: New York, London and Tokyo [M]. Princeton (NJ) : Princeton University Press.

SCHNEIDER-SLIWA R, 2017. Cross-border interconnectiedness in the trinational Basel metropolitan area [C]//HEINTEL M, MUSIL R, WEIXLBAUMER N. Theoretical, conceptual and applied aspects concerning borders and border crossing. Berlin: Springer : 205−235.

SCOTT A, 2001. Global city-regions: Trends, theory, policy [M]. Oxford: Oxford University Press.

SETON-WATSON H, 1985. What is Europe, Where is Europe? From mystique to politique [J]. Encounter, 65 (2) : 9−17.

VALENTINE G, 2008. Living with difference: Reflections on geographies of encounter [J]. Progress in Human Geography, 32 (3) : 323−337.

VOGEL T, 2017. Das Life Sciences-Cluster in der trinationalen Region Basel–Auszüge aus einer Befragungs-und GIS-gestützten Studie [J]. Regio Basiliensis, 58 (1) : 65−78.

WEGENER M, 2013. Polycentric Europe: more efficient, more equitable and more sustainable [C]//International seminar on welfare and competitiveness in the European polycentric urban structure (Vol.7) , June 7 Istituto Regionale Programmazione Economica della Toscana (IRPET), Florence：62−64.

World Commission on Environment and Development (WCED) , 1987. Our common future [M]. Oxford: Oxford University Press.

YEUNG H W, LIN G C S, 2003. Theorizing economic geographies of Asia [J]. Economic Geography, 79 (2) : 107−128.